NACER POBRE NO ES TU ELECCIÓN,

VIVIR POBRE SÍ

Juan Carlos Escárrega Rojo

Juan Carlos Escárrega Rojo

Copyright © 2018, Juan Carlos Escárrega Rojo

Segunda edición: Octubre, 2020

ISBN: 978-607-8198-12-2

Impreso en México
Printed in Mexico

A mis padres, Guillermo Escárrega
y Guadalupe Rojo (qepd), que confiaron
en mí, dándome sus bendiciones en cada
decisión que tomé para lograr
lo que hasta hoy soy; a mis hijas Alexandra,
Diana, Karla y mi hijo Diego, fuentes de
inspiración profunda en este camino que llevo;
y a mi esposa, por la paciencia y el estar
a mi lado en todo momento.
Muchas gracias a todos.

ÍNDICE

TESTIMONIOS

En el mes de noviembre de 2018 se terminó de imprimir la primera edición de mi libro, en la Ciudad de México. A finales de ese mismo año lo recibí en la ciudad de Tijuana, Baja California, que es donde actualmente vivo, tras lo que empecé a entregar algunos ejemplares. Los primeros cinco libros fueron para mi familia directa: mi esposa, Liliana; mis hijas, Alexandra, Diana y Karla; y mi hijo Diego, quien al día de hoy, jueves 6 de febrero de 2020, no lo ha leído. Él es el único que no se ha dado tiempo para leerlo, tendrá sus razones, espero luego conocerlas y poder entenderlo.

Obviamente, no soy escritor, pero esperaba con ansias los comentarios sobre qué les había parecido la lectura acerca de mis experiencias de vida plasmadas en papel. El patrón de respuestas fue el mismo: TODOS(AS) SORPRENDIDOS(AS) por la manera de contar esos recuerdos desde mi infancia hasta el día de hoy, narrativa que ya plasmada en una sola pieza les hizo reflexionar sobre todo lo que había pasado para llegar a donde estoy. De ninguna manera es que sea una persona con recursos suficientes para decir: mañana no voy a trabajar, pero sí valoro tener un trabajo estable, una familia que me da mucho amor, vivir con comodidad y, sobre todo, saber que contamos con la bendición de Dios.

Posterior a que recibí los comentarios de mi familia, empecé a regalar la primera edición impresa y también, con mucha emoción, esperaba los comentarios. Más del 90% de los mensajes fueron positivos. Recibí comentarios muy acertados y conmovedores sobre lo que les había parecido conocer mi historia. Muchos ni idea tenían de lo que era un camino de terracería, o lo que era no tener calzado para ir a la escuela, o qué significaba desahijar algodón; tampoco lo que era vivir en un toldo de paredes de adobe y techo de tule (rama que se da en los canales), en fin, muchas de mis vivencias les parecieron extrañas, incluso me llegaron a preguntar si algunos detalles habían salido de mi imaginación.

LES COMPARTO ALGUNOS DE LOS COMENTARIOS RECIBIDOS:

Mi estimado Juan Carlos

Me tomó tres fines de semana leer y saborear tu libro, y me tomó todo ese tiempo porque lo quise disfrutar, releer, entender y gozar.

Te felicito. Excelente. No le pongo un solo "pero". Creo que vertiste tu alma y tu vida y tu historia y se convirtió en una catarsis de tus desatinos y un franco relato de tus sueños y tus logros.

Es una obra que vale la pena ser compartida con muchos y que vale la pena llevarla a las aulas, a los jóvenes, a los amigos y a los que se encuentran a veces desalentados o encajonados.

Te felicito nuevamente y te deseo que realices los demás sueños, los que faltan, los de la cosecha, los de la satisfacción personal, los de la satisfacción profesional, los de ver a tus hijos realizarse…

Pero hoy, hoy todavía tienes mucho que compartir, que dar, que ofrecer, que vivir.

Maestra Guadalupe, *de mi carrera de Contador Público*

Tocayo, ya terminé de leer el libro y la verdad pasó muchas cosas. Lo que más me marcó fue que a pesar de tener todo en contra, nunca se rindió, no dejo de perseguir sus sueños.

Carlos, *colaborador de mi oficina*

Mi Juan Carlos, tenía años sin leer un libro que no fuera de la chamba, la verdad me puse a hojear tus memorias y no me pude detener hasta terminarlo.

Mi amigo Ramiro, *de la ciudad de Guadalajara*

Estimado Juan Carlos, leí tu libro "de cabo a rabo". No cabe duda que la cultura del trabajo y la filosofía de hacer bien las cosas tienen su recompensa, te felicito.

Maestro Eloy, *colega de mi profesión*

Lo que más me gusta de ti, es que, a pesar de tus logros, no has perdido esa humildad y ese acento tan sinaloense que te caracteriza, eso es digno de alabar.

La escuela nos enseñó mucho, pero lo que no pudimos aprender es eso que tú ya traes nato, ese líder, empresario, emprendedor, eso que nos faltó a muchos y que admiro en ti y del que aprendo, y sigo aprendiendo, con cada plática o comida que hacemos, aunque sea esporádica, me contagias las ganas de seguir adelante.

No quiero atiborrarte de halagos y que suenen falsos, sabes que te aprecio mucho y admiro, me es difícil encontrar dos calificativos en una misma persona: inteligente y humilde, y en ti los encuentro.

Adriana, *amiga de estudios en la Especialidad en Impuestos*
Muchas felicidades mi estimado y gran amigo Juan Carlos. Realizas una excelente aportación por el bien de nuestra sociedad, sin lugar a dudas, a

través de la identificación y motivación para un servidor, así lo será para muchos, ¡estupendo libro de principio a fin!

Socorro, *amigo desde la infancia,*
originario de la comunidad donde estudié la primaria

Como vemos, los comentarios son muy sinceros y transparentes, con buenas intenciones que me animan a que siga compartiendo mi historia y hacerla extensiva para que pueda servir de inspiración a otras personas que, posiblemente, en etapas fundamentales de sus vidas se aflijan y no puedan seguir adelante para lograr sus sueños. El tener un ejemplo de vida (de carne y hueso, como dijo una lectora muy positiva) que demuestre que sí se pueden alcanzar las metas que uno se proponga, que no hay nada que te lo impida si estás decidido(a), pero que se requiere mucho trabajo y dedicación. Hay muchas historias de mayor éxito que la mía. Uno las puede ver y decir: "yo nunca lograría ser esa persona", y lo que les digo es que, en verdad, no necesariamente tienen que buscar ser el hombre o la mujer más ricos del mundo, creo que esas condiciones se van dando, pero sí pueden tener una vida plena, con una hermosa familia, condiciones estables y ser bendecidos por Dios. Es más sencillo conseguirlo de lo que parece.

PRÓLOGO

Mi nombre es Juan Carlos Escárrega Rojo. Nací un 10 de septiembre de 1970 en una pequeña comunidad en Guasave, Sinaloa, de nombre Agua Escondida. Actualmente es un lugar de pequeños agricultores y ganaderos. Ahí todos tienen la costumbre de apoyarse unos a otros en lo posible, ya sea para una fiesta o para un funeral.

Ahora vivo en Tijuana, Baja California, pero yo crecí en el campo, montando a caballo, jugando carreras con mis primos, llevándole de comer a mi Apá a las parcelas de siembra tras caminar de tres a seis kilómetros hasta donde él estaba, trabajando en las pizcas de algodón y haciendo todo lo que pudiera para poder pagar mis estudios. Conocí a lo largo del trayecto personas valiosísimas de las que aprendí y a las que agradezco haber compartido conmigo sus sueños y experiencias para que yo encontrara los míos.

Mi mayor tesoro es mi familia. No hay bendición mayor que mis hijas (Alexandra, Diana y Karla), mi hijo Diego y mi esposa Liliana. De igual forma mis hermanas, mis hermanos y el legado de mi señor padre Guillermo Escárrega y de mi madre, Guadalupe Rojo, a quienes siempre recordaré.

Decidí, con este libro, compartir por escrito hechos reales sobre mi vida, anécdotas que datan desde que tenía 5 años. Lo hago con un objetivo muy claro: que lo pueda leer cualquier persona y que en algo les inspire. En la comunidad rural de donde vengo, como lo contaré, la escasez de recursos para salir adelante es mucha, los programas y apoyos sociales no son suficientes o no han logrado el objetivo de que los estudiantes logren culminar sus estudios. Nada ahí es fácil. Contar cómo he salido adelante sin importar de dónde vengo o en qué circunstancias nací, espero dé fortalezas a otros.

Con estas memorias lo que quiero compartir es que estoy convencido de que tener objetivos claros y definidos es esencial para lograr el éxito deseado. Atributos como la disciplina, la constancia y la perseverancia pueden llevarte a lograr lo que te propongas. La importancia de tomar decisiones acertadas y a tiempo es fundamental. En mi caso, haber tomado la decisión de seguir con mis estudios a pesar de que mis padres no tenían presupuesto será uno de los ejes principales de mi vida.

La responsabilidad de lo que hacemos o no hacemos, es solo nuestra. No existen otros culpables de lo que nos pasa, todo es experiencia de la que se aprende para crecer. A lo mejor alguien te dará de comer una mosca (como ya verán que a mí me pasó) pero también habrá gente que te diga ¡cuidado, ahí hay una mosca! Y eso aplica en muchos sentidos, no solo el literal.

Salir adelante y que te vaya bien no es exclusivamente para ciertas personas, es para todo aquel que lo busca con pasión, entrega, dedicación, valores y mucho esfuerzo.

Esta es mi historia.

REFLEXIÓN ACTUAL

En este libro rememoro historias que van desde mi infancia hasta la época actual y que han definido mi formación personal y profesional. He vivido muchas cosas positivas que me han dado grandes satisfacciones y otras no tanto —por suerte no demasiadas—, sobre las que he tenido que reflexionar para lograr superarlas y sacar de ellas un aprendizaje. La mayoría son buenas, mas las no tan buenas han sido para mí un reto emocional que daba la apariencia de dormido, pero que cuando despierta da batalla y hay que enfrentarlo de la mejor manera. En el trascurso de mi vida he conocido valiosas personas e instituciones que me han ayudado a que todo lo positivo que viví de niño sea el pilar de lo que soy ahora, es decir, saber de dónde vengo para saber a dónde voy. Cada uno de los retos que he afrontado me ha dejado experiencias invaluables. Los años hacen su trabajo; se van acumulando tantas vivencias que empiezas a ver todo de manera diferente. La pausa forma parte de tu vida y ayuda a que tomes decisiones pensando mejor en las posibles consecuencias de lo que decidas, ya sean estas decisiones buenas, de riesgo, de planeación, etcétera. Brindo un agradecimiento enorme para todas y cada una de las personas e instituciones que me han enseñado tanto; sin ellas no sé si estuviera escribiendo estas memorias sobre mi vida.

NACER POBRE NO ES TU ELECCIÓN, VIVIR POBRE SÍ

LOS PRIMEROS AÑOS

MI NIÑEZ

Todo empezó en una comunidad de unos cien habitantes de nombre Agua Escondida, ubicada en el municipio de Guasave, Sinaloa, actualmente de no más de trescientas personas, donde por cierto casi todos son Escárrega. Desde luego que en cada familia hay un apellido diferente, pero la mayoría de los que ahí nacimos llevamos el Escárrega en el primer o segundo apellido; solo un par de familias son Soto, Chayo Soto y Blas Soto. Según mi acta de nacimiento, un 10 de septiembre de 1970 vine al mundo acompañado de la bendición de mi Amá, mi Apá y de Dios, pues nací con buena salud. Mi Amá contaba que venía acompañado de un hermano o hermana, pero que a la hora del parto solo salió una bolsa de agua donde se suponía venía mi mellizo, por eso mi Amá me decía "cuate de agua", algo que por mucho tiempo no entendí. Era ya una familia integrada por cuatro hermanos y tres hermanas: Chuy, el mayor de todos, siempre fiel a mi Apá y a mi Amá, el que cargó con todos nosotros; la Prieta, la mayor de las mujeres, muy mujer mi hermana y servicial a más no poder; la Panchi, nuestra religiosa y amorosa; Memo, el más inteligente, pues nunca se casó, no trabaja y vive a su gusto; Blanca, la alegre, ocurrente y confidente; Martín, libre como el viento y bueno para poner apodos efectivos y duraderos; y Luis el "húngaro" y sobreviviente. Después nacerían otras dos hermanas: Eréndida (no Eréndira, como el personaje de Gabriel García Márquez, sino Eréndida), la consentidora y amorosa; y Mayra, la pequeña de todos y mi preferida, favoritismo por el que pido una disculpa a todas y todos. Papá y mamá, don Guillermo Escárrega y doña Guadalupe Rojo, quienes descansan ya en paz, estaban en la flor de la adultez y con una experiencia en crianza que mis siete hermanos acreditaban. En la época de mi niñez todo era amor y dulzura, con una madre dedicada al hogar y un padre trabajador ejemplo para todos. Mi edad y desconocimiento en esa época no me dejaban vislumbrar lo material: andar en el patio y por toda la casa en zapeta (un humilde calzón de tela de manta que hacía las veces de pañal, pero reusable para fortuna de las mamás de entonces) y sin huaraches era normal; no tenía pudor ni pensaba que debía traer ropa. Para mí acudir al corral todos los días a las seis de la mañana por una taza con café para que mi papá le agregara leche bronca de las vacas recién ordeñadas era un acto placentero y me atrevería a decir que sublime. Aún recuerdo aquellos años cuando nos encariñábamos con los animales, tanto, que a la mayoría les poníamos nombres. Criábamos a una chiva a la que le pusimos

Serafina (aparte de vacas y chivas, había caballos, gallinas, puercos, etcétera), y tan de la casa era que se subía a la mesa y a las camas cuando aún estábamos dormidos en las mañanas. Nos divertíamos mucho con escenas cotidianas así. A los caballos les poníamos nombres de acuerdo a sus características de color (zaino, alazán, prieto, colorado, tordillo, palomino, etcétera), tamaño o según lo brillosos que fueran. En suma, la pasábamos a todo dar.

FOTOGRAFÍA CON MIS PRIMOS CUANDO YO TENÍA SEIS AÑOS.

LA COCINA DE LA CASA, SALA DE PARTOS

Mi nacimiento, al igual que de todas mis hermanas y hermanos, fue en la cocina de mi casa. Eso si le podemos llamar casa a un toldo de tule —esa rama que se da en los canales y drenes— a manera de techo, con paredes de adobe de alrededor de metro y medio, por supuesto con piso de tierra. Pues ahí dormíamos todos. Era como una habitación grande con dos divisiones, una para la cocina y la otra donde dormíamos mi Apá, mi Amá y todos sus hijos. Ese cuarto era la "fábrica", por ser donde mi Amá salía embarazada casi cada dos años como relojito, pues la mayoría nos llevamos dos años de diferencia. Todos nacimos con ayuda de partera; claro, la primera ayuda venía de Dios. Doña Panchita era la partera que vivía en San Pedro, una comunidad situada a poco más de diez kilómetros de la nuestra. Cuando mi Amá sufría con los dolores de parto, mi Apá preparaba la carreta y salía por doña Panchita a todo galope; es un amable decir, ya que solo podía ir de rápido según la velocidad que le permitiera al caballo ir y venir sin dañar la carreta. La ida y vuelta la hacía mi Apá, cuentan mis hermanos, en cuatro o cinco horas. Ya para entonces tía Lola, esposa de tío Lionso, y/o tía Luz, esposa de Tinón, tenían lista el agua caliente. A final de cuentas, los diez hermanos nos acordamos de doña Panchita y le damos gracias por su dedicación y servicio brindado a todas las comunidades que ayudó a que naciéramos muchos de nosotros; también muchas gracias a todas las tías y/o familiares que ayudaban en los partos.

EMPIEZO A CRECER Y A PASTOREAR VACAS

Ya con el tiempo fui creciendo y empecé a sentir vergüenza por andar semidesnudo. Ya procuraba traer al menos un short aparte de la zapeta o calzón o algo que me cubriera bien mis partes, cuidando de que la prenda no estuviera rota. Empezaba a hacer comparativos con otros niños vestidos mejor que yo, quienes ya usaban zapatos y camisa, y yo con mis ropas de segunda o tercera categoría y huaraches. Cuando íbamos al monte a pastorear las vacas allá por la laguna por donde vivía doña Rita o por la tierra de Neto o por los rumbos de don Trini Moroyoqui, yo iba descalzo para no acabarme los huaraches, con una vieja camisa mía o una que ya no usaba alguno de mis hermanos. Ahí pastoreaba con Rigo, hijo de tía Silveria y de tío Manuel; con Jaime, hijo de Lupe Meza y de tío Tomás; con Mario, hijo de tío Lionso (a la mayoría de los primos de mi Apá les decíamos tío); con Rayel, hijo de Andresón. También iban otros primos a los que de momento no recuerdo, pero nos juntábamos todos a pastorear. En el lugar que escogíamos para el pastoreo, jugábamos carreras de caballos, cazábamos conejos, liebres, armadillos y otros animales pequeños del monte. Recuerdo mucho a Rayel cuando buscábamos liebres para cazar. Él y los otros primos eran más fuertes y aventados que yo para los caballos; ellos correteaban las liebres a veces por media hora más o menos, cansando a los caballos por tanto trote. De repente la liebre agarraba camino para donde yo estaba: todo agotado el pobre animal, ya sin poder correr llegaba a donde yo estaba y lo cogía con las manos, despertando el coraje y las madreadas que me prodigaban los primos: "Hijo de la chingada, ni al caballo te subes y tú acabas agarrando la liebre". Cuando nos vemos aún nos acordamos de eso y nos reímos mucho, sobre todo Rayel, quien más perseguía a las liebres.

CARRERAS PAREJERAS (A PELO), DE NUESTRAS FAVORITAS

Otros ratos jugábamos carreras de caballo montando a pelo. Todo lo hacíamos de acuerdo a las capacidades de cada bestia: si un caballo corría mucho más que otro, se daba ventaja al más lento, procurando nunca aprovecharse. Organizábamos las carreras en caminos vecinales. No había quién diera la salida o quién revisara quién ganaba; entre nosotros nos poníamos de acuerdo para dar la salida y ver quién resultaba victorioso. Todo era trasparente. Nada se apostaba, estaba por completo ausente el tema económico. La ganancia consistía en solo pitorrearse o "dar carrilla" a quien perdiera, y desde luego ventilar a todos los demás quién había ganado. Como en otras actividades, de pronto había accidentes. Alguien se caía del caballo, pero no pasaba nada; más tardábamos en caernos que en levantarnos. Por lo demás, caíamos en tierra blanda, no había piedras o superficies abruptas que pudieran lastimarnos. Rápido nos poníamos de pie, listos para seguir en la brega.

MI PASIÓN POR LA ESCUELA

Antes de entrar a la escuela primaria, cuando tenía cuatro o cinco años, pues a la primaria entré a los seis años y no cursé kínder, ya hojeaba los libros de mis hermanos y me entretenía con ellos por horas, mirando los dibujos y las letras que aún no comprendía. Es decir, en mi mente ya estaba escrito que me habría de gustar un mundo la escuela. En una ocasión, poco antes de entrar a la primaria nos visitaron Plácido y Amalia con su familia. Eran compadres de mi Apá y mi Amá y tenían un hijo más o menos de mi edad: Juanito de Plácido, como le decían. Ese niño llevaba unos huaraches nuevos y como yo estaba emocionado por entrar a la escuela, pero como todavía no tenía huaraches, sencillamente se los quité y no se los quería regresar. Buena regañada que me propinaron por no querer devolverle los huaraches. Yo estaba sentado en la tierra con los huaraches pegados al pecho para no desprenderme de ellos, y no sé cómo le hicieron pero me los quitaron. Sufrí mucho, si bien al fin de cuentas no eran míos. El papá de Juanito, Plácido, me los quería dar, pero si algo tuvieron fuertemente infundida mi Apá y mi Amá era la honestidad; simplemente no aceptaron aquel noble gesto de generosidad y yo me quedé llorando y sin huaraches.

MUY QUERIDO Y BENDECIDO DE DIOS

Toda mi vida he sido muy querido y sobre todo bendecido por Dios. Mi hermana Francisca —La Panchi o Panchita para todos nosotros y los que la conocen— siempre cargaba conmigo; de hecho, yo le decía Mamá Achi. Estaba tan apegado a ella que cuando no me llevaba a algún lugar lloraba sin parar. En la comunidad se jugaba mucho a la lotería. No teníamos servicio de luz eléctrica, por lo tanto todo debía hacerse a la luz del día. Mi amada hermana Panchi me compraba dulces para que me portara bien. Cuando empecé a crecer no sé cómo le hacía, pero para cargarme me subía a sus caderas, como que se doblaba poquito y ahí va conmigo caminando, trasladándome de un lugar a otro. A nuestra gente le encantaba jugar a la lotería con Julia, la de Blasón, y quién sabe, pero creo que esta parte de mi vida fue la que luego afectó un tanto mi carácter, ya que todos los de la comunidad me hacían llorar solo con decir: "Quiere llorar, quiere llorar, quiere llorar". (Aquella burla tal vez inocente ahora podría encajar en alguna categoría del bullying.) Con tres veces que me dijeran a coro que quería llorar soltaba el llanto copiosamente, lo que habla de mi hipersensibilidad de aquella época. Más delante contaré parte de esto.

MIS ESTUDIOS DE PRIMARIA

En la primaria empecé a desarrollar habilidades cognitivas que me hicieron sobresalir de los demás. Al segundo año ya dominaba las matemáticas, las tablas del uno al diez y realizaba en la mente divisiones de dos dígitos. No había compañero que me opusiera competencia. Todas las profesoras me tenían cariño por mis habilidades de aprender las cosas de manera casi inmediata. Todavía recuerdo a la profesora Magdalena, quien me apretaba los cachetes y me hacía muchos cariños; yo soñaba con sus atenciones hacia mí, ahora sí que me volaba solo. Para los maestros era el ejemplo comparativo con los demás. Recuerdo, y a la fecha todos ríen por referirlo, cuando en las juntas de padres de familia los profesores les pedían a los papás de los niños que les ayudaran a sus hijos a estudiar, y Ramón Triguero (un apodo con el que llamamos a este vecino del rancho) les decía a los mentores que no había manera de ayudar a sus hijos, ya que el Kali, de la Lupe de Guillermo (o sea yo: así me decían), agarraba todas las vocales y el abecedario y no dejaba ninguna letra para los demás niños. Recuerdo esto y aun me da risa, ya que Julio su hijo no era muy bueno para la escuela y Ramón Triguero decía que era por mi culpa.

En la etapa de primaria concursé en torneos de aprendizaje, logrando siempre primeros lugares en conocimiento. También participaba en deportes; de joven siempre fui delgado, pero ya de los cuarenta para acá no he podido tener el mismo peso de aquellos años.

APRENDIENDO A SEMBRAR A MANO Y OTROS TRABAJOS DE CAMPO

En esta etapa empecé también a realizar otras actividades de trabajo, no propias de un niño, por ejemplo, ayudaba a mi Apá a sembrar a mano. Me valía de un caballo y una sembradora de un pico, con bitoque amarrado a un tubo que iniciaba a la altura de las manceras de la sembradora y terminaba por la parte de atrás del arado. A veces se me doblaban las manos y obligaba sin querer a que el caballo tomara camino diferente y echaba a perder parte de la siembra. Era entonces cuando mi Apá me recetaba castigos severos. También trabajaba limpiando las siembras, por ejemplo, desahijando el algodón, actividad que consistía en quitar plantas que estorbaban el crecimiento de otras. Las plantas debían estar a diez centímetros una de otra, por lo tanto, había que quitar las que estaban en el medio. Era un trabajo muy duro, las jornadas eran extensas y no había consideración por ser un niño; trabajabas a la par de los adultos, ello en la medida que podías. Por agacharse de manera constante salíamos con un tremendo dolor de cintura del que con solo acordarme siento que vuelve a mi cuerpo. Otro trabajo extenuante era arrancar frijol. Lo hacíamos cuando el frijol ya estaba listo para pisca, lo arrancábamos y lo juntábamos para cuando estuviera bien seco. Lo poníamos todo junto (a este proceso le llamábamos "chorizear": hacíamos montones a lo largo de las parcelas que parecían chorizo) para que la máquina trilladora separara la paja del frijol. El resultado era la cosecha, unas veces buena, otras veces no tan buena.

CULTIVADORA MANUAL
QUE JALADA POR UN
CABALLO O MULA SERVÍA
PARA SEMBRAR.

ESCUELA PRIMARIA AQUILES SERDÁN

Los primeros tres años de escuela primaria los estudié en la Aquiles Serdán, localizada en la comunidad de La Chuparrosa, un poco más grande que la nuestra, donde también asistían alumnos de San Antonio, el Campito, los Guayacanes y el Campo Bórquez. Aquiles Serdán estaba como a dos kilómetros de Agua Escondida, así que todos los días había que caminar para llegar a clase a las ocho de la mañana. La hora de salida era a la una de la tarde. Cuando dejábamos el plantel teníamos que pasar por la casa de la Flora, de Toño Payán, y donde vivía la Lupe, una persona que nunca se casó y que no gustaba de arreglarse mucho. Nosotros teníamos entre seis y doce años y pasar solos por ahí y verla nos daba miedo. Ella se ponía a jugar a las comidas haciendo tortillas de tierra que colocaba en un comal de fierro; corríamos cuando la mirábamos. A veces nos hablaba de buena manera, pero nosotros pensábamos que nos quería hacer daño; estábamos locos.

Chemón, hermano de Flora, a menudo llevaba plátanos casi echados a perder para los cochis (como les decíamos a los puercos), y los depositaba al pie de un árbol grandote que se alzaba a un lado del camino por donde nosotros pasábamos. Naturalmente, agarrábamos los plátanos y corríamos por el camino. Era una fiesta todo eso para nosotros. La mayoría de las cosas nos provocaban risa, todo lo tomábamos de buena manera. También hacíamos incursiones en la huerta de Abundio, quien vivía pegado con Juan Escárrega, un tío segundo de nosotros: cuando ya estaban maduros los mangos, entrábamos velozmente a su propiedad y le robábamos la fruta que podíamos. De vez en cuando Abundio esperaba hasta que todos pasáramos, porque ya sabía que si no estaba, nosotros nos llevábamos los mangos.

Esta parte era interesante. Ir todos los días a la escuela a la comunidad de Chuparrosa era una aventura. Mi Apá solo nos compraba un par de huaraches para todo el ciclo escolar, y como diario teníamos que caminar casi dos kilómetros, me los quitaba y caminaba por donde había zacate para que no se nos acabaran de inmediato. El suelo además estaba muy caliente por el intenso calor que hace en Sinaloa, así es que caminando por el zacate evitaba que me ampollara y se me quemaran los pies.

Cuando cursaba tercer año, nos tocó con la profesora María, quien era muy malvada: cuando no hacíamos caso nos tiraba con el borrador o con los gises. Era bárbara esa profesora, pero más nosotros que conociéndola no le hacíamos caso. Otras veces nos pegaba en las manos con la regla de madera que guardaba cerca de sí. Las palmas ardían con los reglazos. En la actualidad creo ya no hay mentores desnaturalizados como aquella tal María. A reglazos y todo, aprendíamos a respetar y aunque fuera por miedo hacíamos las tareas y nos portábamos bien.

Otra actividad interesante en esa época eran los bailes. Cada comunidad tenía su festejo, por ejemplo, el 3 de mayo se festejaba el día de la Santa Cruz en La Chuparrosa; el día de San Antonio se festeja en una comunidad del mismo nombre; el Día del Ejido en el Agua Blanca, y así sucesivamente. Cada comunidad organizaba sus bailes y carreras de caballos, entre muchas otras diversiones. En La Chuparrosa ambientaba un toro mecánico, pero también corrían caballos, se quemaba un castillo de pólvora, tocaba música de banda, con grupos versátiles como Los Vagos del Ritmo. Pero se dejaron de hacer festejos porque se ahogó Ricardo, un compañero de la escuela que era hijo de Jarío, en un canal de cemento que llevaba mucha corriente. Cruzando un puente se cayó y no lo pudieron encontrar; todos nos desconcertamos mucho. Nos dolió enormidades perder a nuestro amigo y compañero de escuela (qepd).

ESCUELA PRIMARIA MELCHOR OCAMPO

Ya para cuarto año se abrió la escuela en Agua Escondida, y le pusieron Melchor Ocampo. Un profesor les daba clases a primero, segundo y tercer grados, y otro nos daba clases a cuarto, quinto y sexto grados. Asistíamos a una vieja casa de adobe de nana Mariyita, como le decíamos a la mamá de tía Luz, una vivienda cuyo techo era de tierra, por lo que le nacían choyas espinosas que impedían que nosotros nos subiéramos. Ahí la pasábamos mucho mejor que en La Chuparrosa, y solo caminaba unos cuatrocientos metros o menos para llegar a la escuela desde la casa. La escuela era sostenida por troncos de mezquite muy fuertes a los que no los movía nada. Quién sabe quién haría esa casa, tal vez don Lorenzo el marido de nana Mariyita. A un lado de la escuela vivían tío Chilo, luego Nana Mamayo, luego tío Mundo y después tío Nayo. Del otro lado vivían tía Luz con Nana Mariyita y Tino Fabela; después Yito y la Chica, su esposa; y luego Tomasón, la Monchi, Andresón. En resumen, todos nuestros tíos segundos o primeros vivían como en una rueda; en medio había un llano grande que usábamos de campo de futbol, beisbol, voleibol y para jugar a la conea, un entretenimiento típico de la región muy parecido a "Los encantados", y muchos otros donde la pasábamos todos los primos muy bien.

A GANARSE LA VIDA

En esa etapa tenía nueve o diez años, suficientes para emprender trabajos por fuera. Me subía a las camionetas que llevaban gente a trabajar a otras comunidades más lejanas como San Narciso, Napala, Corerepe, San Fernando y otros lugares donde se hacía de todo: pisca de algodón y flor cempoal, arrancar frijol, regar parcelas. Recuerdo bien las piscas de algodón porque en cada pesada de algodón nos pagaban. Entrábamos a piscar antes de que saliera el sol cuando la mota, como le decíamos al algodón blanco, estaba todavía con sereno; era cuando nos rendía más ya que pesaba por el rocío del amanecer. Cuando salía el sol y el algodón no pesaba, lo orinábamos para que pesara más. En realidad era pura maldad juvenil, ya que ¿cuánto puede pesar una orinada? Casi nada. Era más para reírnos y sentir que hacíamos una travesura. Recuerdo mucho las piscas de algodón en San Narciso, donde todavía vive tío Víctor, hermano de mi Apá. En aquellos tiempos teníamos dos hectáreas muy buenas de tierra, y cuando piscábamos algodón disfrutaba mucho, ya que me ponía en el papel de patrón, vigilando la pesa y juntando el producto que se caía, además de cuidar que los piscadores no trajeran sucio el material recolectado.

Mi hermano Chuy tenía una motoneta que a mí me parecía como las que usaba Pedro Infante en las películas, viejísima pero muy buena; casi no la prestaba y menos a Martín mi hermano, ya que cada vez que se la prestaba algo le hacía, mínimo le rompía la cadena. Ese Martín sigue siendo un "destróyer", pero a fin de cuentas es mi hermano. Una vez que veníamos de piscar algodón en San Narciso, de la tierra de mi Apá, Chuy tuvo que llevar a pesar el algodón a la despepitadora a Batamote, donde recibían el algodón para limpiarlo; entonces Martín se llevó la moto a la casa y yo iba con él. Veníamos por el canal 25 (todos los canales de riego llevan números impares de este a oeste y números pares de norte a sur), montados en la motoneta. De pronto me indica Martín: "Fíjate en la llanta, parece que viene baja", y en eso me agacho para ver la llanta y ¡pelas!, que nos vamos al canal. Yo traía una bolsa de lona pequeña con las monedas con las que pagábamos la pisca, pero jamás solté la bolsa con el dinero; afortunadamente ninguno de los dos nos lesionamos. Martín me regañaba diciendo que yo lo había desbalanceado, y yo me defendía diciéndole que él me había pedido que me fijara en la llanta. A duras penas sacamos la motoneta. Chuy siempre traía una bolsa con algo de herramienta, Martín la sacó, limpió las bujías, quitó el carburador y lo limpió también y echamos a andar la moto. Mojados nos fuimos a casa. Cuando se dio cuenta Chuy de lo que sucedió, nos puso una reprimenda de esas en que la persona ofendida casi te desea la muerte, en sentido figurado. Mas al fin de cuentas no nos pasó nada y llegamos con motoneta y diner

MOTONETA DONDE ÍBAMOS A LA PISCA DE ALGODÓN Y OTROS TRABAJOS. EN MIS RECUERDOS LA ASOCIABA CON LAS IMPONENTES INDIAN QUE APARECÍAN EN LA PELÍCULA A TODA MÁQUINA, PROTAGONIZADA POR PEDRO INFANTE.

De esa edad para acá, empecé a vivir muchas cosas, o más bien empiezo a recordar mucho más. Durante las tareas de pastoreo con Humberto de la tía Monchi, con Wilbert de tía Luz, con Rayel de tío Andrés, con Rigo de tío Manuel y otros más, estábamos bañándonos en un canal, algo muy común en las pastoreadas, por el rumbo de la calle 300 y el canal que viene de Tapachula, una comunidad cercana a Agua Escondida. (En esa parte se construyó el Centro Federal de Readaptación Social Número 8, o CEFERESO No.8, actualmente en funcionamiento). Estábamos pues en una plancha, en cuyo lado derecho había una compuerta por donde controlaban el agua para riego. Como siempre tratábamos de competir en algo, esa vez jugué con mi compadre Wilbert a ver quién duraba más bajo el agua sin respirar. A la cuenta de tres nos zambullimos y Humberto y los demás quedaban fuera esperando a ver quién salía primero. Después de un ratito salió mi compadre Wilbert y yo no salía. Dicen todos que yo de repente saqué la mano por la varilla que controla el agua de la compuerta y Humberto me jaló, ya que les parecía extraño que no saliera. Cuando me miró la mano él actuó rápido; yo ya estaba inconsciente, como pudieron me sacaron del agua, desperté y empecé a llorar. Fue muy emotivo revivir y volverlos a ver.

Cuando estaba sumergido, empecé a sentir que el agua me jalaba para el lado de la compuerta. Pensé que no pasaría nada; yo solo quería ganar aquel reto. Después de un rato, inconscientemente o por orden de Dios saqué la mano y de ahí resultó que Humberto me jalara y evitara que muriese. Fue una experiencia que me produjo mucho miedo; llegué a casa llorando. Estuve a nada de morir ahogado, todo por jugar a aguantar más tiempo bajo el agua. Eso sí: gané el juego.

Atrás, donde está el CEFERESO No.8 estaba el basurero municipal. Cuando pastoreábamos las vacas y, a veces en viaje especial, nos íbamos a buscar qué encontrábamos. Una vez Mario, de tío Lionso, se encontró unos tenis muy buenos que después usaba para ir a la escuela. Buscábamos entre la basura para ver qué podíamos encontrar, ya sea zapatos para trabajar o ropa para lo mismo, en su caso hasta para ir a la escuela. Lo que encontrábamos de buen ver lo llevábamos. Las tiendas de dulces a veces tiraban ahí mercancía caduca que para nosotros era un festín, un manjar. Al final nunca nos enfermamos por comer esos dulces caducos. Esa era la manera en la que podíamos comerlos, sacándolos del basurero municipal.

MI HERMANO MEMO
EN EL PASTOREO.

NUESTRO PRIMER CUARTO DE MATERIAL

En los tiempos en que mi Apá llegó a vivir al rancho Agua Escondida, se hizo de siete hectáreas de parcela, mismas que eran puro monte de juncos, mezquites y huizaches, adicional a otros árboles que nacían en tierras vírgenes. A pura mula, cadenas, hacha y machete logró desmontar (limpiar para poder sembrar). Eran unas jornadas duras de trabajo, ya que adicional a las horas que dedicaba para nuestra manutención, tenía que dedicarle tiempo a ese proyecto patrimonial.

Recuerdo que, las de algodón, fueron las primeras siembras con las que le fue bien a mi Apá. También sembraba maíz, frijol, cártamo y otros granos.

En una de esas cosechas buenas, mi Apá construyó el primer cuarto de material, con ladrillo, varilla y cemento, y cal para la arena con que pegar el ladrillo. Cuando llevaban los materiales, para mí era como si fueran a construir un hotel de cinco estrellas con alberca y todos los lujos propios de un sitio de esa categoría. En realidad era el primer cuarto de cuatro por seis metros cuadrados que tendríamos; era un orgullo familiar saber que ya íbamos a tener un cuarto de material. Se trataba de todo un éxito para nosotros.

Yo estaba niño entonces, pero me apresuraba a que bajaran las cosas; ofrecíamos agua a los choferes de los camiones como agradecimiento por llevarnos los materiales. Yo no sabía ni dimensionaba que todo eso ya estaba pagado, pero nos hacía muy felices que ya iniciáramos a construir.

NUESTRAS MASCOTAS

En los trabajos de las parcelas, como a un kilómetro de la casa, siempre íbamos y veníamos a pie. Como ya lo comenté, nos rodeábamos de todo tipo de animales, y al igual que la Serafina, la cabra con la que nos encariñamos, también teníamos dos perros muy fieles de los que me acuerdo bien porque los dos dejaron historia con nosotros. A uno lo llamábamos Sultán (era lanudo, de color café con leche) y al otro, Coyote (era negro con café). Los dos observaban una obediencia y fidelidad de las cuales voy a contar algunas anécdotas.

Sultán se distinguió por siempre andar con mi Apá; iba a todas partes con él, no se le despegaba para nada. Cuando regábamos la tierra y mi Apá dejaba la pala y el machete en algún lugar, Sultán no se movía de ahí hasta que mi Apá iba por las cosas. Le tenía tanta fidelidad a la familia, que cuando mi Apá se dormía en la parcela, el perro no se le apartaba ni por un segundo. Cuenta mi hermano Chuy que una vez escuchó ladrar muy fuerte a Sultán, cuando aquél iba a la altura del dren, que aceleró el paso; cuando llegó, mi Apá estaba bien dormido y unas personas montadas a caballo salieron a todo galope. Lo más probable es que hayan querido robar las herramientas de trabajo y un dinero que se tenía para pagar la pisca de algodón. Sultán fue un perro muy fiel, además de muy bravo. De las dos familias que hay en la comunidad que no se apellidan Escárrega, está la de Chayo Soto, a quien siempre le gustaban los perros. Él se mofaba de que los suyos eran los más bravos del rancho y una vez llevó a tres de sus canes a pelear con Sultán. A nosotros nunca nos ha gustado hacer pelear a los animales, pero esa vez Sultán se nos soltó y que les gana a los tres perros de Chayo Soto. Chayo argumentaba que se habían enredado con unos mecates con los que los llevaba y que luego volvería por la revancha, pero nunca volvió.

Esas son de las historias que más me acuerdo de Sultán.

Coyote era muy apegado con mi Amá; siempre la cuidaba e iba con ella a todas partes. Este perro se quedaba en casa a cuidar a todos, era el hogareño; de él no tengo historias que acordarme como las de Sultán. Me acuerdo, y muy bien, que murió de viejo; al último ya no miraba y chocaba con los mezquites y con las paredes. Fue muy obediente y junto con Sultán fueron nuestros grandes guardianes.

EL HURACÁN PAUL

En 1982, cuando tenía entonces doce años, pasó un huracán del que a la fecha todos los guasavenses nos acordamos: Paul. Ese devastador meteoro hizo destrozos por todo Guasave: tumbó árboles; mató animales; desbordó al río Sinaloa; muchas familias que vivían en sus riberas perdieron todo y tuvieron que empezar sus vidas de nuevo, desde el suelo, sin bienes que pudieran servirles. Cuando estábamos todos en el cuarto de material, el que había construido mi Apá con una de esas buenas cosechas, las ráfagas de viento alcanzaban los 165 kilómetros por hora; aquel chiflido era de miedo. Nosotros nos abrazábamos como niños que éramos; mis dos hermanas menores que yo, Mayra y Eréndida, lloraban inconsolables. Era aterrador escuchar aquellos como aullidos de algún animal ignoto; por supuesto no había luz eléctrica, todo era sombrío y desesperante. Solo nos conformaba saber que mi Apá y mi Amá estaban con nosotros.

A la mañana siguiente salimos a ver todo el destrozo: el toldo bajo el que todos nacimos estaba volteado; las plantas de naranjo estaban con las raíces para arriba; el vigoroso y fuerte guayabo lucía sin ramas, solo le había quedado el tronco de la raíz (que, dicho sea de paso, luego creció de nuevo y fue fructífero como en sus mejores años). Había animales muertos por doquier: cochis, gallinas, vacas, chivas, caballos. Era una tristeza ver tanto desastre, no hallábamos qué hacer para desaguar las lagunas que se formaron en los patios de las casas. Simplemente no creíamos lo que veíamos. Había hasta láminas de techos de casas de las comunidades vecinas. En fin, todo un fenómeno natural de miedo.

Bajando un poco el agua todos nos fuimos a "conejear", como le decíamos a atrapar conejos, para tener algo que comer. Era indispensable hacernos de provisiones. Con palos, perros y en grupos de seis u ocho primos nos poníamos a agarrar conejos; al final compartíamos la caza entre todos. A todo le poníamos buena cara, con el buen humor por delante. Sin embargo, las cosas más tristes que vivimos fue ver el toldo destruido, ya sin remedio. De ahí mi Amá rescató lo que pudo, ollas, cazuelas, cucharas y otros utensilios, y se lo llevó a la casa de material.

El 3 de julio de 2017 regresé de estar en Guasave. Estuve con mi hija mayor Alexandra, mi hija menor Karla, mi esposa Liliana y el novio de mi hija, Tony. En casa de tía Luz busqué fotografías de aquella época, preguntando si tenían imágenes mías o de mi familia de cuando éramos niños. Como ya lo platiqué al inicio de mi historia, mi Amá y mi Apá ya están con Diosito, y a tía Luz todos en mi casa la queremos demasiado. Toda la vida ella nos ha querido mucho y con todos sus hijos, nuestros primos, siempre nos hemos llevado muy bien. Esta vez tía Luz me enseñó muchas fotografías de mis abuelos y tíos abuelos, imágenes muy significativas. Me causó mucha risa una de Rayel, ya que aparece como de dos o tres años, está en zapeta y solo tiene cabello en la frente; y ahora, cuarenta y seis años después, en la frente es la única parte donde no tiene cabello. Para morirse de risa. Lo bonito que fue la vida de rancho hace algunos cincuenta años. Algo que noté es que ninguno de mis tíos tenía panza: ahora todos nosotros cargamos con un barrigón tal que nos hace parecer a Ñoño, el personaje de El Chavo del 8.

SOLO UN PAR DE HUARACHES PARA EL CICLO ESCOLAR

Antes de pasar a mi época de secundaria, quiero escribir un poco más de mi tiempo en la primaria, donde si bien la mayoría de las vivencias fue muy positiva, también tuve otras que no quiero dejar pasar. Por ejemplo, el hecho de que solo tuviéramos recursos para adquirir un par de huaraches que se usarían todo el ciclo escolar era muy tenso, ya que si se te rompían o los perdías te metías en un serio problema, pues ya no había para otro par. Inclusive si te crecía el pie se trataba de un problema tuyo y de nadie más. Como yo era muy chipilón, pues de la nada los plebes me hacían llorar, era el puerquito de Jaime de tío Tomás. Me golpeaba mucho, nunca le pude ganar un pleito en la primaria. Él y Rigo, de tío Manuel, nos incitaban a Mario, de tío Lionso, y a mí a trenzarnos a golpes. Surgía un llanto desesperado y de impotencia, no podíamos hacer nada, simplemente era dar y recibir golpes y como yo era el que más recibía eso me hacía sentir muy mal. Fue una etapa muy sufrida, cosa que cambió en la secundaria, como contaré.

En mi periodo de primaria concursé en conocimiento muchas veces. Siempre fui del mejor promedio en casi los seis años del ciclo. Cuando fui a concursar a Palos Verdes, teniendo de compañero a Jando, de la Fela, un niño que vivía en La Chuparrosa, nos llevaron a que compitiéramos en conocimiento sobre la fundación de Sinaloa, área territorial, climas, ríos que tiene, presas: en sí todo lo referente a nuestro lindo estado. Era entre muchas escuelas aquel concurso. Pero por hacerle caso a Jando, consignamos como fecha de fundación del estado un año equivocado (Sinaloa fue fundada en 1830 y nosotros pusimos 1831), y por ese yerro perdimos el primer lugar. Nos lamentamos, pero "aguantamos vara", como se dice para referirse a soportar regaños o castigos, y le dijimos a la directora que entre los dos habíamos puesto esa fecha. Ella estaba enojada porque la pregunta más fácil la contestamos mal. Paradójicamente, en todo lo demás nos fue bien: número de ríos, presas que tiene, cuál fue la primera capital, etcétera.

En la escuela Melchor Ocampo, bajo el sistema del Consejo Nacional de Fomento Educativo (Conafe), representé también a nuestra escuela. En el concurso éramos como doscientos alumnos, todos provenientes de escuelas de calidad y toda la cosa; ahí logré el cuarto lugar, muy bueno para el sistema de estudio que nos regía.

De los números de música bailable u obras en las que participé en la primaria recuerdo mucho donde la hice de don Caralampio, un viejecito usurero. Mi hermana menor Mayra interpretaba un papel según el cual le debía dinero a don Caralampio, y este le jalaba los brazos. Mayra casi lloraba del dolor porque le jalé de más el brazo. También hubo un número de música bailable en el que participé taconeando una polka regiomontana, con un chaleco café con barbas amarillas, a la manera de una cuera tamaulipeca, y un sombrero que mi Apá a duras penas me prestó. Yo, feliz de haber participado, todavía me veo bailando esa polka regiomontana.

LA DECISIÓN QUE MARCÓ MI VIDA: INICIO DE LA ETAPA DE LA SECUNDARIA

Una decisión que cambió mi vida y que creo ha sido la mejor que he tomado, se me presentó cuando salí de la primaria. Yo andaba entonces muy contento, era no solo el mejor de la generación, sino un orgullo para mí mismo y para mi familia: el Kali de la Lupe de Guillermo se graduaba como el mejor de todos los alumnos que habían cursado el ciclo escolar completo, no había otro igual que él. Pero la alegría que sentía y todo lo demás se vino abajo cuando, saliendo de la escuela, ya con la boleta de calificaciones y el entusiasmo desbordándome, se me acercó mi Apá y me dijo: "Ya no seguirás estudiando, no tenemos dinero para que vayas a la escuela; Guasave está muy lejos y no tenemos para ayudarte". Para mí eso fue como si hubiera recibido la noticia de que algún familiar cercano hubiera fallecido. Mi gran ilusión era seguir estudiando, ¿cómo que no había para que fuera a la escuela? Para mí era algo inconcebible. En ese entonces, niño aún, no entendía el valor del dinero: no sabía que había que ir con uniforme; que ya en la secundaria había que ir en zapatos, pues ya no se permitían los huaraches de tres puntadas; que se ocupaba cortarse el pelo al menos cada quince días; que había que pagar pasaje al camión y comprar uniforme blanco para educación física… toda una lista de gastos para la que se ocupaba dinero. Después de esa plática estuve muy desilusionado por un par de días, dándole vueltas al tema en la cabeza, buscando la manera de cómo hacerle para ganar dinero. En ese entonces mis hermanas Blanca y Panchi iban a la pisca del tomate, trabajaban todos los días por un salario que nomás no alcanzaba para nada, pero igual era algo. También las piscas de algodón eran una posible opción para mí, solo que se terminaban en mayo y junio y para cuando salí de la primaria ya habían pasado las piscas. No hallaba en suma qué hacer.

HACER LO QUE AÚN NO PUEDES HACER TIENE SU RECOMPENSA

Por fin se me acomodaron las ideas y bien recuerdo que primero hablé con mi Amá y le dije: "Quiero trabajar para ir a la escuela". Esta decisión cambiaría toda mi vida, pues me empeciné en estudiar y, modestia aparte, a la fecha tengo carrera profesional, una especialidad, dos maestrías, una con mención honorífica, un programa de alta dirección impartida por una escuela de negocios rankeada dentro de las primeras cinco a nivel global; soy además expositor de temas fiscales y cada semana capacito a mis colaboradores para que siempre estén al día. Mi Amá me respondió con un abrazo y mientras me apretaba cálidamente, dijo: "Estás muy chiquito, mijo, no tienes edad para trabajar, nadie te dará trabajo todavía". Yo a mi vez propuse: "Si consigo trabajo, ¿me dejan ir a la escuela?" Ella me contestó: "Ándale, pues, si trabajas vas a la escuela". Bien sé que mi Amá me lo dijo con la intención de no desilusionarme más de lo que ya estaba. Lo que no sabía mi Amá es que el siguiente fin de semana me monté a la camioneta de los trabajadores con mis hermanas y ahí voy a la chamba. Íbamos al campo de cultivo llamado Napala —también a la Cruz, a Campo Díaz, a Tapachula y a otras comunidades donde se sembraba tomate—, situado a unos cuarenta y cinco minutos de la casa, por lo que había que levantarse a las cuatro de la mañana: a las cinco pasaban por nosotros, a las seis pasábamos por el empaque a recoger las cubetas para la pisca para finalmente entrar a las siete de la mañana. Una verdadera odisea el trabajo, y yo por mi edad y tamaño parecía mascota entre todos los trabajadores.

TRABAJANDO EN EL CAMPO

Todas las cuadrillas de trabajadores tenían un mayordomo. Este cargo lo ocupaban varones adultos con experiencia en los cultivos y que contaran con respeto de los trabajadores. Ni con tío Chilo, ni con tío Andrés ni con la Luya de Cubilete tuve jamás problemas. Los tres eran mayordomos. El detalle venía cuando nos tocaban otros mayordomos que no conocían a mis hermanas; ahí sí había problema, pues no me querían apuntar el día de trabajo, que era registrar la asistencia para que nos llegara la raya o el pago en el día estipulado

EJEMPLO DE PISCA
DE TOMATE EN
CAMPOS AGRÍCOLAS
DE GUASAVE, SINALOA.

A partir de los doce años empezó mi odisea con los trabajos de campo y de albañilería, los trabajos más recurrentes que efectuaba. Cuando empecé a notar la necesidad del dinero ya no iba a pastorear, ya que después de una enfermedad que tuvieron las vacas de mi Apá y de la que murieron varias, nos quedamos sin mucho por hacer. Lo que quedaba, si queríamos pastorear, era llevar las vacas de tío Armando y la verdad a él no le gustaba pagar, por lo tanto fue un oficio que fui dejando.

No perdí ningún año de secundaria. Una vez que concluí la primaria y con la anuencia y ayuda de mis padres, el primer verano saqué para comprar el uniforme y unos zapatos. Ya viéndome mi Apá, él ayudó con el uniforme de educación física, pagó mis fotografías y demás cosas para empezar la escuela. Entre todos me ayudaron y ahí voy al nuevo destino, feliz como si fuera a recibir herencia, lo que de algún modo era aquello por la educación que recibiría para enriquecer mi persona como educando y ser humano. Asistir a la secundaria para mí fue una gran experiencia. Desplazarme del rancho a la ciudad era un paso en verdad muy importante. Imagínense: yo arriba en el camión de los estudiantes. Era toda una alegría ir a tomar el autobús: lo esperábamos en la plancha del canal de Campo Bórquez, donde bien uniformados platicábamos de todo, menos de las clases, por supuesto. Con aquel uniforme compuesto por pantalón azul marino, camisa blanca y zapatos negros, me creía un auténtico príncipe por lo bien vestido que, según yo, me veía. Acaso no exageraba.

CONOCIENDO AMIGOS EN LA SECUNDARIA

Mis estudios de secundaria los realicé en la Escuela Secundaria Técnica #28, comúnmente conocida como la ETI 28, donde comencé a vivir cosas diferentes. En primer año asistía a un salón como de cincuenta alumnos, todos ellos de diferentes comunidades. A Mario mi primo, hijo de tío Lionso, le tocó en un salón diferente al mío; también a Jaime, de la Lupe Meza, lo asignaron a otro salón. Sentía un poco de miedo de estar sin mis primos. Cuando entraban los profesores a dar las clases, todos nos quedábamos callados a esperar a que se tomara lista. Cuando mencionaban mi nombre apenas contestaba "presente" de lo tímido que era. De los profesores de primer año de secundaria que recuerdo está Zenaido González Pimentel, quien nos daba clases de inglés. A él además le gustaba mucho hablar de política y de otros temas que me interesaban mucho. También me acuerdo mucho del titular de educación física, Edmundo Portillo. Por supuesto que, al igual que la de los otros niños, esa era mi clase preferida. Una vez en la mañana, antes de irme a esperar el camión, a mi Amá se le había olvidado que tenía la clase de deportes, y los tenis me los había lavado ya tarde el día anterior. Cuando me levanté a desayunar, ya cambiado de pantalón y camisa, le pregunté por los tenis y me dijo que los había acercado un poco a la lumbre porque no se habían secado bien. Cuando me acerqué a ella pude ver los tenis volteados, unos Panam (así se escribía, como Panamá, pero sin la "a" al final) que tenían plástico en el espacio que rodea la parte superior del talón. Como era muy temprano y no teníamos luz eléctrica, y eran como las cinco de la mañana, mi Amá solo se iluminaba con la luz de las brasas del hornillo, y ¡pelas! que se la "chure", es decir, arruga o quema, la parte de plástico del tenis. Cuando vi el tenis "chorido" me enojé tanto que ni quería ir a la escuela. Como sea, mi Amá me convenció de que me presentara a la clase que me gustaba tanto, y ahí voy a la escuela con uno de los tenis chorido y el otro normal. Algunas veces, cuando llovía y teníamos que tomar el camión, nos poníamos bolsas de plástico en los zapatos para no ensuciarnos, y caminábamos por arriba de los caminos por donde había zacate y así evitábamos que se nos enlodara mucho nuestro preciado calzado.

CAMINANDO A CASA

Cuando no hallaba trabajo, y mi Apá no tenía para el pasaje, a veces a Mario mi primo y a mí nos tocaba venirnos a pie desde Guasave hasta la casa. Hablo de más de diez kilómetros caminando. En el verano se ponía "sabrosa" la caminata, ya que al mediodía la temperatura sube a más de cuarenta grados. Adicional al calor nos tocaba caminar por un costado del asilo de ancianos, pasando la diagonal y antes de llegar al canal 27. La verdad no sé si aún exista ese asilo, ya que cuando voy a Guasave veo llenas de casas todas las parcelas junto a las que caminaba cuando era niño. Cada vez que pasaba por el asilo, sentía mucho miedo mirar a los viejitos. Los veía en sus sillas, con sus canas y sus arrugas, y yo sentía un temor bárbaro, pensaba que tal vez se iban a levantar y se iban a ir tras de nosotros. Era ilógico pero eso pensaba. Ya que dejábamos atrás ese lugar me relajaba y a seguir caminando. Pasábamos por la Sabanilla a todo lo que da, luego tomábamos por donde vivía doña Minga y llegábamos a la casa. Me quitaba la camisa y la exprimía de sudor; era literal que la exprimía de sudor. La carencia de dinero para los pasajes del camión se empataba con el hecho de que en la escuela no tuviera para comprar ni una soda. Cuando salíamos al receso de clases, todos los alumnos se iban corriendo a la tiendita de la escuela; aquellas donas de canela con azúcar estaban buenísimas, para todos era un festín comprar una soda y una dona en la cooperativa. Pero cuando no había para eso, yo salía con todos pero me iba al baño. Me decía el cuate de Buenavista: "Vamos a la tiendita", y yo le decía: "Primero voy al baño, allá los alcanzo". Puro cuete y cuento: no traía dinero para mi dona. Lo bueno era que la escuela tenía bebederos para tomar agua, de donde me prendía para saciar la sed, pero los demás lujos que se daban mis compañeros, como la soda y la dona o incluso una torta de jamón, no eran entonces para mí. En mi vida he tenido lapsos de ese tipo que iré contando en el trascurso de este libro, pero en verdad les digo: el hambre es cabrona, pero como decía mi Amá, es más cabrón el que la aguanta.

LAZOS DE AMISTAD DURADEROS

En mi época de secundaria, ya un poco más grande, empecé a salir más de la casa. Hice mucha amistad con mis primos Mario, de tío Lionso, y Rayel, de tío Andrés. Como parte de las actividades para ganar dinero, a veces nos poníamos a sacar los estacones de las tierras para hacerlos montón en las orillas de las parcelas; aclaro que el estacón es un palo como de dos metros que sirve para sostener la planta de tomate, y cuando no había siembra se retiraba de las parcelas para trabajar de nuevo la tierra y volver a sembrar. A veces nos íbamos con el Chiquis de San Antonio a cortar ejote de frijol para el lado de Corerepe. A veces nos tocaba regresarnos caminando desde San Fernando, una comunidad que está como a unos diez kilómetros de Agua Escondida. Eran horas caminando, pero se nos hacía corto el trecho platicando de lo que queríamos ser de grandes. Yo siempre decía que me iba a salir del rancho para buscar hacer algo fuera de ahí, que si me quedaba no lograría hacer nada. Mis amigos decían que iban a comprar animales y a sembrar parcelas. Afortunadamente, de las cosas que soñamos hace más de treinta años puedo decir que Dios nos favoreció para volverlas realidad. En lo particular, y sin hablar por Rayel, Dios ha sido muy generoso con nosotros. A la fecha gozamos de buena salud y los dos vivimos de nuestros propios trabajos. Como lo comenté, yo me dediqué a la prestación de servicios, Mario se fue a vivir a Guasave y Rayel se hizo empresario.

EMPECÉ A CRECER

Otra etapa de la secundaria que fue muy significativa para mí, fue cuando empecé a desarrollarme de manera individual y dejé de ser el niño mimado de mi Amá y de mi hermana Panchi. Deportivamente me iba muy bien, siempre me buscaban para jugar. Mi físico era muy aceptable para jugar beisbol, futbol y voleibol. Vicente mi primo, también hijo de tío Lionso, tenía unos amigos abogados que cada ocho días jugaban beisbol en un corral de vacas cercano a la casa de tío Lionso. Me acuerdo del licenciado Ventura, del licenciado Chano Obeso (qepd), unos cuñados de Vicente (de su primera esposa). Jugaban Pancho, también primo y hermano de Vicente, y mi compadre Wilbert. Eran juegos muy bonitos porque los licenciados aquellos iban a divertirse y a divertirte y créanme que lo lograban. Cuando se barrían en primera o en segunda base para que no les hiciéramos el out, quedaban todos llenos de "pajoso", el estiércol seco de las vacas. Nos reíamos tanto de ellos que solo de acordarme ahora que estoy escribiendo esto me produce risa. Así de inolvidables son esos tiempos.

EL BREAKDANCE Y LAS FIESTAS

Pasábamos mucho tiempo trabajando, jugando y conociendo nuevas personas de la secundaria. Entonces estaba de moda el breakdance, un baile donde los muchachos de la escuela se daban "piques", es decir, se retaban, para ver quién bailaba mejor. Luis Enrique, de Marcol (así se llama el lugar donde vivía), era el representante del salón de nosotros para el baile. Era muy alegre Luis Enrique, solo que a la hora de los piques, al Chinón del Tecomate le ponían tremendas barridas. A decir verdad, a veces ganaba Luis Enrique; seré generoso en previsión de que algún día lea mi libro este canijo. Ya con ese trineo de la secundaria, donde conocí a muchas personas de otras comunidades, y haber dejado de ser el niño chiqueado de la familia, empecé de rebelde a irme a fiestas y a otras actividades a las que en mi época de primaria no solía ir. Me iba a los bailes, a fiestas de ejido, me encantaban las carreras de caballos. Ya me preocupaba mucho traer ropa que combinara; antes ni sabía si un color negro le combinaba uno rojo; cualquier combinación, buena o mala, la desconocía. Ahora todas esas cosas me preocupaban e inquietaban.

Recuerdo las fiestas en las comunidades aledañas, La Chuparrosa, Campo Díaz, Marcol, Las Moritas, en donde se bailaba en pistas de tierra. El baile lo amenizaba un discomóvil, como le decíamos al sonido de un disc jockey o DJ, quien con un par de tornamesas y varias bocinas generaba un ruido bárbaro que se escuchaba a kilómetros. Las fiestas duraban cinco horas en promedio. La mayoría iniciaba con música disco, luego seguía con norteña o de banda; se ponía algo de rock and roll y terminaba aquello con baladas románticas, las favoritas de las parejas de novios. En esa tanda de música romántica se les "calentaban las aguas" a muchas parejas y se iban de sus casas. Al día siguiente amanecían en un hotel para vivir juntos o en casa de un familiar cuando no tenían para pagar el hotel.

Algo gracioso de esas fiestas era que las pistas de baile, como lo comenté, eran de tierra, así que antes de iniciar las regaban y quedaba el suelo firme, pero después de la primera tanda de música la tierra se aflojaba y se soltaba un tierrero. Se formaba como un remolino de tierra, se levantaba una polvareda que a cuantos llevaban ropa clara salían con ella de color café oscuro. Los que íbamos al baile con huaraches, cuando salíamos de bailar, con la tierra que los cubría y lo que sudaban los pies, parecía que andábamos pisando lodo, pero lo bailado no nos lo quitaba nadie. Al día siguiente era de platicar quién había bailado más y quién había bailado con la muchacha más bonita; eran buenos tiempos aquellos.

EMPIEZO A VENCER EL MIEDO

Recuerdo una pachanga de nuestra comunidad en la que andaban mis primos Jaime, hijo de Lupe Meza, y Rigo, de Silveria, aquellos que me hostigaron durante toda la primaria. La fiesta era en el patio de la casa de tía Luz. Humberto, de tía Monchi, envalentonó a Rigo y a Jaime para que nos pegaran a Mario, de tío Lionso, y a mí. Ellos empezaron a empujarnos y a decirnos de cosas; desconozco de dónde sacamos valor, pero de repente entre Mario y yo comenzamos a pelear y les recetamos una merecida paliza a Rigo y a Jaime, quienes después de eso no volvieron a meterse con nosotros por el resto de sus días. Desde entonces somos buenos amigos; ya no hubo más problemas entre nosotros.

AYUDANTE DE ALBAÑIL

En los apuros por ganar dinero, me empleaba en lo que había. A la edad de trece años ya trabajaba con los albañiles: con Chuy mi hermano, Pedro, de tío Lionso, y con Pancho Castro. Mi hermano Chuy era y es todavía maestro de obra. Entonces me iba con él a ayudarle a arrimar ladrillo o a batir la mezcla, todo lo que no fuera pesado; me tenían muchas consideraciones. Una vez que estábamos echando un colado, extendiendo el techo de concreto a las casas de material, la fatiga me agotaba y cuando me iba a echar el bote de cemento y grava al lomo, no lo pude levantar y con tal de que no se cayera lo detuve con la panza. Aún tengo la cicatriz, ya que los botes para acarrear mezcla y todos los materiales que se usan en la construcción se hacían, o se hacen aún, a partir de un bote de lámina metálica con un pedazo de madera que sirve de agarradera, al que para sujetarlo se le martillan cuatro clavos, dos de afuera hacia adentro y dos de adentro hacia fuera. La parte que sobra del clavo se dobla y la punta del clavo queda expuesta: es la que me rasgó la panza.

De esta etapa, trabajando con Pedro hicimos la casa de Beto, de Chichilo, en San Antonio. Beto (qepd) era una persona tan agradable, así como toda su familia, que creo que si Pedro no me hubiera pagado, de todas maneras hubiera trabajado gratis solo por el gusto de escucharlo platicar; con eso ya desquitaba el sueldo. Era el papá de Ticursio (así le decíamos a Jesús, su hijo) y de Arnoldo. Ticursio fue compañero en la primaria de La Chuparrosa; él ahora es piloto aviador. Se fue a vivir a la Ciudad de México y cuentan que le ha ido muy bien. Aquí en Tijuana lo vi hace más de veinte años. Me llevó a la base aérea para que conociera el interior de un avión; en ese entonces ya trabajaba para el Estado Mayor Presidencial. Espero que aún le esté yendo muy bien. Su hermano Arnoldo se quedó en el rancho con su mamá y familia. Regresando a Beto y su familia, espero que si alguno de sus familiares llega a leer aunque sea esta parte del libro, sepan que estoy muy agradecido con sus atenciones de aquellos años.

A LA PESCA DE CAMARÓN

Otro trabajo que realizaba en mi época de secundaria y que me gustaba mucho era la pesca de camarón. En aquella época (1982-1985) era una verbena la temporada de pesca. Una ocasión que salí a marea con mi cuñado Chacho y Vicente su hermano al campo pesquero del Cerro Cabezón, levantamos como cuatrocientos kilos en una embarcación pequeña de las llamadas pangas que llevan los motores fuera de borda. Nos fue muy bien esa vez; era un gusto estar descabezando el camarón para entregarlo a la cooperativa. Las manos me quedaron muy dañadas. El camarón tiene en la parte de arriba de la cabeza una punta igual a un pequeño serrucho que, si no tienes cuidado, te rasga las manos como si fuera un pequeño cuchillo con dientes pequeños. Así que cuando terminamos de limpiar el camarón y se me enfrió el cuerpo de la actividad, me empezaron a arder las manos que era una infamia. No hallaba qué hacer, no podía ni mover las manos. Era un ardor tan feo que mi hermana Panchi me preparó unos remedios caseros para curarme. Pero todo había valido la pena, fuimos la panga que más camarón capturó, estábamos muy felices todos.

La pesca consistía en tirar el chinchorro, la red con la que atrapábamos el camarón, atravesada a la corriente, para que esta arrastrara el chinchorro y cargara consigo todo el camarón que se encontraba en su camino. Los fargos, como les llamábamos a las extensiones de redes de pesca que se utilizaban para pescar camarón, eran como de doscientos cincuenta a trescientos metros. De una parte el fargo tenía plomo, que era el que se hundía hasta el fondo, y de la otra parte tenía boyas, las bolas de corcho que sirven para que sostenga el chinchorro en paralelo a la corriente. En las puntas se ponían dos boyas grandes para identificar dónde quedaron los extremos del chinchorro. Cuando estás subiendo el chinchorro a la panga te trabaja todo el cuerpo, debes de tener equilibrio para jalar sin caerte al agua. Todo un oficio que me hace sentir orgulloso de haber participado en estas faenas.

También me iba al campo pesquero El Huitussi, donde mi cuñado Kiko trabajaba y sigue trabajando recibiendo todo tipo de pescados, moluscos mariscos. Había tanto producto que la gente te regalaba kilos de camarón. Ahora el producto es muy escaso, los pescadores a lo mucho hacen cuatro o cinco mareas, ya no encuentran el producto tan fácil y a veces no sacan ni para la gasolina, algo muy diferente a lo que pasaba aquellos años. Con el Kiko me gustaba mucho ir, ya que cada vez que iba aseguraba el pasaje de una o dos semanas. Mi hermana Prieta, esposa de Kiko, siempre me daba dinero para la escuela. Como bono adicional comía muy bien, puro camarón, ya sea cocido, en machaca con verdura, en ceviche, hasta que me daba el lujo de hartarme con aquellas espléndidas comidas.

MI CUÑADO CHACHO LEVANTANDO EL CHINCHORRO EN LA PESCA DE CAMARÓN.

A SEGUIR TRABAJANDO Y PRACTICANDO DEPORTE

Cuando salí de la secundaria, a los quince años, mi plan de seguir estudiando era más firme que nunca. A esa edad el trabajo para mí era una actividad ordinaria: tenía que hacerlo si quería continuar estudiando, no había de otra. Las salidas a piscar algodón o flor de cempoal era lo más común, si bien colaborar con los albañiles y en otros trabajos rudos ya era parte de mí.

También la maduración en los deportes crecía. En la secundaria habíamos sido campeones de Guasave en voleibol. Fuimos al estatal a Guamúchil y nos ganó Culiacán; ellos representaron a Sinaloa en el campeonato nacional que se llevó a cabo en Xalapa, Veracruz. En fin, mi formación iba en incremento en todos los sentidos.

TRABAJO DE AYUDANTE DE MECÁNICO

Cuando salí de la secundaria, elegí la opción de estudiar una carrera corta que de manera inmediata me diera la opción de empezar a trabajar. Entré al Centro de Enseñanza Técnica y Superior (Cetys) 108, una escuela de carreras técnicas de tres años. Entré a la carrera de Máquinas en Combustión Interna, en pocas palabras, de mecánico. La carrera me gustó porque Juan mi cuñado, quien se había casado con Blanca mi hermana, ya laboraba en un taller en Guasave, y pues a mí se me ponía a modo trabajar con él, y así empecé de modesto lava-tuercas de Juaneras, como le digo hoy en día. Juan me enseñó a que valorara el dinero y muchas otras cosas sobre la honestidad y otros valores. El caso es que conforme fui creciendo quería ganar dinero. El dueño del taller en ese entonces era Miguel Luna, un tipazo. Una vez me puso a cambiar las balatas de una guayina o camioneta familiar para que me ganara una lana. Cuando entregaron el vehículo todo estaba bien, el dueño salió muy normal del taller, y yo muy orgulloso miraba cómo el señor iba manejando y se fue… solo que a los cinco minutos regresó muy molesto. Resulta que en el primer frenazo que dio en una esquina, una de las llantas de atrás se fue de paso. Él miró la llanta y se dijo: "Pues vaya ¿y esa llanta?", solo que cuando quiso avanzar, la camioneta se quedó en el mismo lugar. Resulta y resalta, reconociendo mi error, que cuando monté los frenos puse las tuercas al revés y solo habían apretado muy poco, por lo que a la hora de frenar se le salió la llanta al amigo, ocasionando que se le cayera el carro. Me espetaron una regañada monstruo de la que todavía me acuerdo. Miguel Luna nunca se enojaba, pero ese día casi le da un infarto. Lo más positivo de aquel incidente es que no me corrieron, aunque me lo mereciera.

CARRERA TÉCNICA DE MECÁNICO

En el Cetys 108 inició mi época de rebelde. Ahí ya no había necesidad de traer el cabello corto como en la secundaria. Empecé a hacer grandes amigos, como

Chepe y Paya, a quienes veo y trato hasta la fecha; conocí a unos plebes de las Quemazones, a Julián, a Zebedo, al canijo del Meño, a muchos. Por ser la carrera de mecánico no había en aquel tiempo mujeres, de ahí que el léxico y los improperios utilizados eran un tanto libres, relajados. En los primeros semestres nos daba clase de dibujo técnico industrial un profesor al que hacíamos pasar muchos corajes. Una vez habló conmigo y me aseguró que yo no terminaría la carrera; me conminó a desocupar el mesabanco para que no molestara más, pues en mí no veía a una persona responsable y dedicada, y muchos buenos estudiantes se quedaban fuera porque personas como yo les quitábamos el lugar. Yo venía de las canchas de basquetbol, todo sudado y con el balón bajo mis brazos; me le quedé viendo y no le contesté nada. Me fui a sentar a mi lugar y como que reaccioné. Esa clase era algo difícil, se trataba de dibujar los tornillos, tuercas y herramientas que se usan en la mecánica. Solo que al modo de estudiantes, escogíamos al que más sabía y le pedíamos que nos hiciera las tareas; acepto que me conducía mal, de manera comodina y mediocre; tanta libertad me estaba afectando.

NACER POBRE NO ES TU ELECCIÓN, VIVIR POBRE SÍ

INICIA
MI ETAPA
DE AVENTURERO

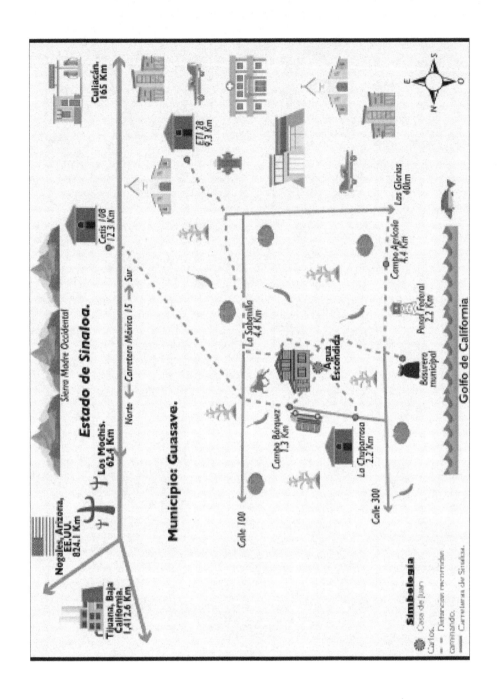

MAPA DE LA ZONA AGUA
ESCONDIDA - GUASAVE,
SINALOA, MÉXICO.

Pasando el primer año del Cetys 108, a los quince o dieciséis años, pues no recuerdo bien si fue antes de entrar o pasando el primer año, me fui a las piscas de algodón a Ciudad Obregón, en el vecino estado de Sonora. Fue muy difícil conseguir permiso de mi Apá y mi Amá. Era aún pequeño y nunca había salido de Guasave; a lo mucho fui con mi Apá una vez a Los Mochis a cobrar un cheque de una siembra de algodón, y otra vez había ido a piscar algodón a Las Grullas, margen izquierdo, en el poblado de Ahome. Las demás salidas habían sido solo a las comunidades de Guasave. Así que cuando pasamos Los Mochis y empezamos a ver la sierrita de San Miguel, se me figuraba que andaba en China, se me hacía lejísimos de la casa, cuando está a una hora de distancia en camión. Era para mí una aventura en pleno curso de la que decía para mí, orgulloso, emocionado: "Ya tengo algo que contarles a mis hijos". Cuando llegamos a la central camionera de Ciudad Obregón no me despegaba de los compañeros, me invadía un miedo que desde luego no quería demostrar. Froylán, Abel y los demás no se impresionaban de nada, ya estaban acostumbrados a aquel cambio de paisaje. Caminando por los andenes de la central nos paramos donde se ponen los camiones que van a Tobarito, Pueblo Yaqui y otras comunidades de aquel rumbo. Ya que llegamos a Tobarito, la comunidad donde nos asistirían, nos fuimos a una casa de un portal grandísimo en la que una señora daba posada a trabajadores con el trato condicionado de que consumiéramos los alimentos en el local de su propiedad.

JORNADAS DE LA PISCA DE ALGODÓN

El primer día de pisca nos levantamos a las tres de la mañana, ya que a las tres y media teníamos que estar desayunándonos una avena con pan birote; a las cuatro pasaba la camioneta que nos llevaría a piscar y a las cinco y media ya teníamos que andar dándole duro a la pisca. Echábamos entre tres a cinco pesadas, como le decíamos a la pisca, entrega y pesa del algodón. Nos pagaban en efectivo en cada vuelta que dábamos, así es que en la primera pesada que di y que me pagaron me sentí Carlos Slim. Eran monedas nuevecitas, como recién acuñadas, por lo tanto yo pensaba que valían más; por algo nos brindan carrilla a los de Guasave. La chamba se terminaba entre las diez y once de la mañana, ya que el algodón pierde su peso con el sol, así es que la idea era arrancar lo más temprano que se pudiera para que con el sereno y el rocío de toda la noche se pudiera aprovechar a nuestro favor ese peso de humedad.

CAMPO DE SIEMBRA
DE ALGODÓN.

SER AUTOSUFICIENTE, TODO UN RETO

De regreso de la pisca nos íbamos a lavar la ropa a un canal muy grande de riego, parecido al que alimenta las parcelas del valle de San Luis Río Colorado. Ignorar el peligro hacía que nos bañáramos muy quitados de la pena, pero el riesgo ahí estaba: si te atrapaba una corriente podías ahogarte. Por las tardes jugábamos voleibol contra otros piscadores que venían de otras comunidades o estados. En aquellos años las piscas de algodón generaban muchos movimientos en los lugares donde había zafra. Esa era la rutina de toda la semana; ya el sábado o domingo nos íbamos a Ciudad Obregón, a un mercado donde vendían ropa americana. Ahí me compraba los pantalones para el uniforme, los famosos Dickies, camisas blancas, zapatos negros y tenis. La primera vez que fuimos me compré mis primeros Converse. Me sentía realizado con ellos. Todos los días que llegaba de piscar y después que me bañaba me los ponía y caminaba por las calles de Tobarito. Quería que la gente me viera y dijese: "Miren, trae Converse". La verdad no creo que alguien me haya visto y haya dicho eso, pero yo así lo sentía. Por eso cobra sentido la expresión que dice que alguien se "siente soñado" cuando se atavía con sus mejores galas para salir al mundo.

Entre trabajar, jugar cartas, al cubilete, al voleibol, comprar uniformes para la escuela y juntar algo de dinero para los pasajes se nos pasaba el tiempo. Volvimos a Guasave como si acabáramos de visitar Nueva York o París. A los demás los mirábamos de arriba para abajo, como diciéndoles: "Vengo de Ciudad Obregón y tú te quedaste a pastorear vacas". Todos los de mi edad se me acercaban a que les platicara cómo me había ido, que si estaba muy lejos aquello, que si había mucha gente, en fin, era toda una película contarles las historias de las idas a piscar en las comunidades de Ciudad Obregón.

MARISELA CERVANTES: LA PRETENDÍA PARA QUE FUERA MI NOVIA

En la época de estudiante del Cetys 108 viví mi primer enamoramiento. Lo especial de aquel episodio es que solo yo, y nadie más en el universo, ni siquiera la persona amada, sabía que estaba enamorado. Me enamoré de una muchacha de San Fernando, una comunidad que dista unos cinco kilómetros o poco más de Agua Escondida. Es, porque todavía vive, hermana de Héctor. Yo ansiaba al menos un saludo de ella, cosa que en tres años de escuela nunca obtuve. Creo que fue mera obsesión de mi parte, o quizás para que dijeran que me gustaba alguien, ya que para eso de las novias nunca tuve suerte; lo ignoro. Pensándolo ahora, no logro definir a qué se debió ese empecinamiento en buscar que al menos me saludara, como si en ello me fuera la vida. Fue muy raro. Sus padres, Pedro Montes y doña Silvina, me estimaban mucho, son muy buenas personas. Ella tenía un hermano más aparte de Héctor y tres hermanas, Mirtha, Flor y Sonia. Todo mundo me estimaba y me apreciaba, con todos platicaba y todos me saludaban. Pero Marisela nunca se fijó en mí, y se casó con un señor que trabajaba de mecánico en los camiones que pasaban por su comunidad. Yo radico en Tijuana, Baja California, desde el 28 de junio de 1988, y sigue siendo muy extraño ese tema de Marisela. En la escuela decían que nunca faltaba un roto para un descosido, ya que en los bailes del Día del Estudiante o en cualquier fiesta me la pasaba bailando con una plebe de Las Quemazones, de por allá de donde era el Zebedeo, Julian y el Meño. Cuando bailábamos, en las canciones románticas aquella plebe se me pegaba mucho y yo empezaba a sudar, a temblar no de la forma en que lo causa una fiebre, sino de manera muy agradable. Para mí estar cerca de su cuerpo era entonces algo difícil de explicar por el alto voltaje que me invadía, que hoy sé era una gran atracción física, esa química corporal que aproxima a mujeres y hombres aun cuando se hayan tratado poco o nada en el plano social. Creo que si le hubiera dicho algo sobre lo que experimentaba nos hubiéramos juntado y avanzado como pareja, pues era evidente que también yo le atraía a ella, pero empecinado como estaba con Marisela nunca la consideré en serio. Como dicen, capaz de que fue el karma: lo que me hicieron yo hice, o al revés, lo que yo hice me hicieron. Quién sabe, pero fue muy placentero conocer a aquella muchacha cuya cercanía me incendiaba interiormente.

ÁRBITRO DE FUTBOL

Siguiendo con las experiencias vividas en el Cetys 108, una vez en un juego de futbol yo fungía de árbitro. Estaban jugando, creo, los de Electrónica contra los de Mecánica, dos grupos que éramos grandes amigos, solo que a la hora de los deportes se establecía la inevitable rivalidad. Todos queríamos ganar para echarle carrilla al que perdiera. Eran unos duelos que más que técnicos eran de echarle mucho corazón. Con todas las ganas jugábamos para no perder. Resulta que en ese partido donde estaba de árbitro, casi para finalizar el juego uno de los equipos mete gol, y ya para pitar el final, el otro equipo vuelve a meter gol. Decido dar más tiempo extra y el equipo que iba perdiendo vuelve a meter gol. En fin, fue tanto el tiempo extra que les di, que los dos equipos se molestaron tanto conmigo que me lanzaron terrones, unos pedazos de tierra dura que dolían como si fueran piedras. No me quedó más que salir corriendo del campo. Unos se reían a más no poder y otros se mostraban bien enojados. Pasando una media hora del juego, ya con los ánimos más calmados, aparecí en la escuela y todos me reclamaron por tanto tiempo extra. Entre bromas y carrilla pasó todo a segundo plano y ya nada más quedaba claro que yo de árbitro me moriría de hambre. Durante semanas se comentó aquel juego, en especial por mi fallido desempeño como silbante.

PLANEANDO UNA NUEVA AVENTURA

Antes de salir de la escuela, a la edad de diecisiete años, Chuy mi hermano se fue a hacer una casa a Nogales, Sonora, por encargo de unos primos que eran de San Narciso, la comunidad donde vive tío Víctor. A uno le decían el Chato y el otro lleva por nombre Martín. Yo estaba por salir de segundo año y empecé a indagar cómo estaba la cosa por Nogales. Investigué que en camión tardabas doce horas para llegar desde Guasave, que si te ibas en la tarde amanecías al día siguiente en la frontera. Para esos tiempos mi cerebro ya trabajaba más acelerado. Tenté terreno para ver quién se podía ir conmigo. De mis primos nadie se interesó, nadie me hizo jalón. Mario, de tío Lionso, vivía bien, su familia tenía muchas vacas y sembraba tierras y no le agradó la idea de ir a la aventura conmigo. Ninguno de ellos se interesó en ir. Entonces me di a sondear entre los amigos. En la escuela, en un grupo de contabilidad se hallaba Chileo, un chavalo de los Guayacanes, una comunidad ubicada a dos kilómetros de la mía. A él lo invité y de volada aceptó. Con él y su papá yo había hecho el viaje a las piscas de algodón a Las Grullas margen izquierdo, allá por el rumbo de Ahome. No hubo problema en que aceptara, solo que Chileo invitó a Héctor, quien vivía en el Campo Bórquez, la comunidad donde tomábamos el camión para ir a la escuela. Ya con ellos dos tenía manera de cómo justificar la salida con mis padres; el que supieran que había sitio dónde llegar y tener compañeros con los cuales ir me abría la puerta a obtener su permiso para ocuparme en las vacaciones de verano.

LARGAS CAMINATAS, PERO LA ESCUELA NO LA DEJO

En el Cetys 108, al igual que en la secundaria, cuando no tenía para los pasajes del camión me la aventaba a pie. El Cetys estaba un poco más lejos que de la secundaria, también más de diez kilómetros, solo que ya para entonces era un poco más extrovertido y ya me animaba a pedir aventón. Cuando nos tocaba suerte a Chileo y a mí, nos daba aventón en su Volkswagen un profesor que impartía clases en Campo Bórquez. Aquel bocho no tenía asientos atrás, pero ahí nos sentábamos y llegábamos más rápido. La Chamy, de Tavo Locha (así le decimos todavía a los dos), nos daba crédito. Ella vendía sodas y pan y tomarnos una coca con pan era como comer caviar. Lo disfrutábamos a plenitud y más cuando nos tocaba caminar porque no había dinero para los pasajes. Solo imaginen después de caminar más de diez kilómetros comerse un pan cochito o cortadillo con una coca. La pura gloria, como dijera un amigo. El Cetys fue una etapa más relajada; ya dependí más de mí mismo para hacerme de los recursos con que cubrir los pasajes y los uniformes. Cuando me comprometía en tareas de arrancar frijol, soya, limpiar canales de riego, trabajar con los albañiles, de mecánico —pues ya el abanico de oficios se abría más para mí—, buscaba contratos que generaran dinero para costear los gastos de la escuela. Ya me gustaban las fiestas; esperanzado en que Marisela me hiciera caso se me iban los días.

POR FIN LLEGÓ EL VERANO CUANDO EMPRENDÍ EL VIAJE A NOGALES, SONORA

Para ir a Nogales me preparé de una manera tan organizada, que desde antes de salir de la escuela ya tenía prácticamente todo listo. Trabajé duro en el taller con Juan mi cuñado a fin de ahorrar dinero para el pasaje. Ya tenía a los compañeros que irían conmigo. Había hablado con el Chato y con Martín, los primos que vivían allá, para que nos recibieran, etcétera.

En Guasave llegamos a la central camionera de los Transportes del Pacífico, bien emocionados los tres: Chileo, Héctor y un servidor. Como en esa central no había salidas a Nogales, de ahí nos fuimos a la Tres Estrellas de Oro. Después de un alegato que tuvo Chileo con el chofer logramos que nos subieran al camión. Para eso ya eran pasadas las cinco de la tarde; no había lugares, así es que aceptamos irnos sentados sobre unas cubetas. En aquellos tiempos los camiones no tenían climatización, mucho menos internet inalámbrico, y por supuesto nosotros no teníamos teléfonos celulares. Era pues toda una aventura emprender el viaje.

Las primeras dos o tres horas, con la alegría que llevábamos de salir de Guasave, no sentíamos el camino. Pero ya pasando Ciudad Obregón y con el cansancio haciendo su chamba empezamos a agotarnos. La cubeta en la que posábamos las nalgas se sentía súper incomoda. Ya eran pasadas las nueve de la noche. Acompañado del cansancio, llegó el sueño de la noche. La alegría se tornó en una tortura, pero ahí íbamos a Nogales, Sonora. Para la medianoche desperté a medio pasillo del camión; una señora me decía que si por favor quitaba los pies de su lugar. Creo a la hora de caer dormido y doblar las piernas las puse en su asiento y le he de haber pegado, ya que de manera molesta insistía en que me quitara de ahí. Todo dormido y cansado, solo me hice un poco para atrás, enderecé mi cuerpo y me volví a dormir.

En la mañana llegamos a Nogales. Al bajarnos del camión me sentí chiquito, como una hormiguita. En la central de Nogales llegaban camiones de Chihuahua, Sonora, Durango, Guadalajara, de todos lados. Con el temor de la primera vez y la inexperiencia de estar en una gran ciudad (lo era para nosotros que solo conocíamos Guasave y Ciudad Obregón) con tanta gente, le marcamos de un teléfono público al Chato. Después de varios intentos nos comunicaron con él, con señas y todo nos dio la dirección de su casa, a la que arribamos al mediodía. El Chato llegaría como a las cinco de la tarde de trabajar. Cuando apareció yo me presenté y presenté a mis amigos, cosa que no le gustó nada, ya que él pensaba que iba yo solo o con otros parientes y nunca consideró que yo le pediría asilo para terceros que no tenían nada que ver con la familia. Como quiera nos aceptó y también el guiarnos para hallar empleo. Nos recomendó con varios amigos para que nos ayudaran a conseguir trabajo más rápido.

Un señor amigo de él, güero y gordito, nos dijo que fuéramos a la Sonitronies, empresa aún en funciones que se dedica a reclutar personal para varias maquiladoras. Fuimos ahí y llenamos solicitud para ver si alguien nos contrataba. Esta empresa tenía una base donde muchas personas llegaban a registrarse y ahí podíamos dormir. Eran unos galerones donde había cocina, casilleros para guardar pertenencias, camas, regaderas, como una casa de asistencia. Nos quedamos unos tres días, pero sin suerte y prácticamente ya sin dinero. Para ese entonces surgieron las fricciones entre mis amigos y yo; en realidad ellos eran muy unidos y hacían equipo.

A TRABAJAR EN LA FÁBRICA DE MALETAS SAMSONITE

Después de tres días en los que no conseguimos chamba, volvimos con el Chato a ver si había manera de que nos recomendara, y volvió a hablar con su amigo el gordito y este nos dijo que fuéramos a tal hora a la empresa donde él trabajaba. Era la empresa Samsonite, donde fabricaban maletas. Cuando llegamos vimos un letrero que decía "Estamos contratando". Nos llenamos de felicidad, pero para mí luego vino la tristeza, ya que se requería ser mayor de edad y yo aún tenía diecisiete años. No encontraba cómo hacerle para salvar ese obstáculo, pero ante toda situación de crisis siempre aparece una salida: saqué varias copias de mi acta de nacimiento y donde decía el año de nacimiento, en lugar de 1970, con mucha dedicación y pidiéndole a Dios me ayudara, logré hacer que los últimos dos números, es decir, 70, mutaran a 69. Admito que este cambio de edad a la fecha me ha costado que mi número de Seguro Social aún siga apareciendo con esa fecha. Me presenté a la oficina de recursos humanos, recomendado por el amigo del Chato, y que me contratan. Me sentía feliz, realizado; tenía trabajo en una línea de producción en una empresa maquiladora, lo que para mí era como si me hubiera sacado la lotería.

Mis compañeros de trabajo eran una señora de Imuris, Sonora, de nombre María Sidón Vidana; Estela, una muchacha güera muy bonita, novia de Fabricio, un muchacho que levantaba pesas; nuestro jefe de línea de producción a quien le decían el Chino; y la jefa del Chino, Rita, una señora chaparrita muy buena para mandar. Ella era toda una jefa, con su bata blanca, igual que el Chino, era la responsable de que la producción de la línea de nosotros saliera bien; nunca le fallábamos, éramos un gran equipo.

Desde el primer día que entré a trabajar empecé a meter tiempo extra. A la segunda semana me cambiaron de posición por mi gran destreza con las manos. Recuerdo que reía mientras les decía: "Esto no es trabajo, yo en el rancho trabajaba haciendo esto y esto otro", y a su vez se reían de mí. A la señora María Sidón Vidana le encantaban mis historias; ella pensaba que eran puras pláticas de imaginación mía, y cuando le decía que eran de a deveras, más se reía. Hice mucha amistad con ella; luego empezó a llevarme lonche. Nuestro jefe de línea de producción, el Chino, se apoyó en mí para traerme de comodín sacando el trabajo cuando alguien faltaba o cuando alguien no se quedaba tiempo extra. A mí me ponían a sacar la chamba; para mí estaba a todo dar, ya que a eso había ido yo, a trabajar.

NOS CAMBIAMOS DE CASA Y ME DAN DE COMER MOSCAS

En esos tiempos Martín, el hermano del Chato, quien estaba casado, y al que Chuy mi hermano también le había hecho la casa, se cambió a vivir con su señora. Era una casa aún sin terminar, no tenía piso ni muebles, pero estaba grande. Nos invitó a que nos quedáramos en su casa y nosotros gustosos aceptamos. El departamento del Chato estaba muy bien ubicado para nosotros, pero también resultaba pequeño, así que aceptamos irnos con Martín. Ahí con él nos acomodamos en el piso; como el terreno era muy arenoso hacíamos camas de la arena, con una cobija de colchón y con la misma arena formábamos la almohada. Como sea, dormíamos bien a gusto, sobre todo porque regresábamos cansados. Los fines de semana íbamos al supermercado y surtíamos lo que comeríamos los días siguientes. Para cocinar, armamos un hornillo, en lugar de estufa, con piedras y pedazos de bloque de cemento. Juntábamos leña y en una parrilla que compramos nos hacíamos quesadillas y calentábamos frijoles enlatados.

De esa etapa tengo recuerdos buenos y también malos. Jesús y Héctor se habían aliado mucho y siempre trataban de no incluirme en sus pláticas y salidas que hacían al centro de Nogales. Una vez me pareció muy raro que me ofrecieran de comer quesadillas. Para mí fue algo anormal, ya que procuraban no involucrarme. Acepté la quesadilla, Jesús me la dio y me dijo: "Para comer todos juntos". A mí se me hizo muy buen gesto de Jesús, pero cuando me la iba a comer, Héctor me dijo: "No te la comas", y le pregunté qué pasaba. Me dijo: "Lo que pasa es que le pusimos algo a la quesadilla", y cuando abrí la quesadilla estaban como cinco o seis moscas prietas bien feas. Me invadió un sentimiento muy triste, de desánimo, de decepción, ya que pretendían que me comiera la quesadilla con moscas. Me aparté de ellos y me fui para atrás de la casa a llorar. Mis amigos, a quienes invité conmigo a hospedarse con parientes para que no pagaran renta ni servicios, me habían hecho eso. Aún recuerdo esa parte de mi estancia en Nogales y revive aquel sentimiento de tristeza y decepción. Pese a todo les deseo que estén bien.

REGRESO A CASA, CON MUCHAS EXPERIENCIAS ADQUIRIDAS EN NOGALES

Después del incidente de la quesadilla con las moscas prietas, nos organizamos y una semana después cobramos la semana de fondo que nos quedaba en la fábrica y nos regresamos a Sinaloa. De ahí para acá la amistad con Jesús se truncó del todo. Héctor habló conmigo y me explicó a su modo cómo habían estado las cosas y de cierta manera le creí. Según él, Jesús ideó lo de ponerles moscas a las quesadillas. Cuando lo veo en el rancho aún nos saludamos y platicamos. A Jesús desde entonces no le volví a hablar.

De regreso de Nogales, cuando llegué a casa mi Amá y mi Apá me recibieron con mucho agrado. Les dio mucho gusto que ya estuviera con ellos. Mi Amá me dijo que cuando yo había partido, que fue un día en que volvía de la escuela, antes de arreglar mi maleta me había quitado la camisa del uniforme y la colgué en un clavo de la pared, llena de sudor. Me dijo mi Amá que en los casi dos meses que estuve en Nogales, todos los días olía mi camisa. No la había lavado para estar oliendo mi aroma, es decir, mi sudor. Esos detalles de mi madre aún los recuerdo de manera muy especial. Basta decir que para mi Apá era un sufrimiento saber que yo nomás estaba pensando a donde me iría la próxima vez.

TERMINO MI CARRERA DE MECÁNICO

El siguiente año de clases fue ordinario: clases, hacer tareas, visitar amigos, las fiestas, trabajar en el campo para los pasajes del camión, lo de rutina. Uno de los recuerdos de ese tercer año de estudios fue que Chepe, mi amigo de la escuela, se salió del Cetys 108 y ya no fue más al plantel. Lo procuré mucho. Al fin supe que se había cruzado el río Bravo en calidad de "mojado" para trabajar en Estados Unidos. Para mí esa noticia fue como un aviso. Me pregunté: ¿será hora de que también me vaya a buscar fortuna? Pero la convicción que abrigo desde niño es que si empiezo algo lo tengo que terminar. Además, Chepe no había dejado dicho a dónde había ido, ni tampoco me había invitado, así es que me quedé a terminar la escuela.

Precisamente antes de concluir la escuela, Martín mi hermano se había trasladado a Tijuana a trabajar con unos amigos del ejido de Agua Blanca. Se había ido con todo y familia. Para mí fue una gran noticia. En mi cabeza ya estaba el próximo viaje, mi destino: Tijuana, Baja California.

Ya para salir y con tanta adrenalina que me habían dejado los viajes a Ciudad Obregón, las vacaciones anteriores trabajadas en Nogales, y ya con dieciocho años, edad suficiente para laborar de manera formal, mi vista ya estaba definida para la próxima estadía fuera del terruño. Para ese entonces ya había probado el alcohol. En los cierres de la carrera de mecánico organizábamos carnes asadas; como ya la mayoría éramos mayores de edad, comprábamos cerveza para las convivencias. En esas pláticas todos hablábamos de nuestros sueños; muchos añoraban irse a Estados Unidos, otros querían trabajar de mecánicos ahí mismo en Guasave para adquirir experiencia y montar su propio taller.

Lo mío era salirme del rancho. Con el cambio de mi hermano Martín a Tijuana, yo ya había hecho mi plan.

PRÓXIMO DESTINO: TIJUANA, BAJA CALIFORNIA

Cuando salí del Cetys 108 de estudiar mi carrera técnica, ya tenía arreglado todo para viajar con Chuyito, hermano de Juaneras, mi cuñado el mecánico. A Chuyito lo había conocido en las visitas que le hacía a mi hermana Blanca. Él sigue siendo muy buen amigo mío. Formó una familia y vive feliz con su señora esposa, con la que crió a tres hijos, dos varones y una mujer. Todo pues se me había puesto a modo. Martín mi hermano estaba en Tijuana, mi Amá estaba de visita con él, y pues con la bendición de mi Apá y la ayuda de Dios nos fuimos a la central de los Transportes del Pacífico a buscar camión. Ahí venimos el Chuyito y yo. Las únicas maletas que traíamos eran las de las ilusiones: Chuyito con la idea de solo trabajar las vacaciones y yo con la idea de ver cómo le hacía para quedarme.

El camión hizo más de veinticuatro horas de viaje. En aquellos años los vehículos de autotransporte entraban a todas las ciudades, Guaymas, Navojoa, Benjamín Gil, etcétera; no había camiones de traslados directos como hoy en día, mucho menos tenían internet ni monitores para ver una película, pero al igual que cuando fui a Nogales, ahí voy bien ilusionado. Ahora sí, me decía yo, me va a ir mucho mejor que cuando fui a Nogales, y sí, efectivamente me ha ido muy bien, pero despacio iré contando esta parte.

Por fin llegamos a la central de autobuses de Tijuana, para mí grandísima. Abundaban ahí los "polleros", de esos que te querían enganchar para llevarte a los Estados Unidos. En cuanto bajamos del camión nos empezaron a abordar. A la central en aquel entonces llegaban los camiones Azul y Blanco, que pasaban por la colonia Buenavista. Nosotros teníamos muy clara la indicación de subirnos a uno de esos autobuses y decirle al chofer que nos dejara en una esquina donde había un mercado que se llamaba La Escondida. De ahí teníamos que caminar media cuadra y llegaríamos al domicilio. Así le hicimos y al cabo de media hora ya estábamos con Martín, quien nos recibió de muy buena manera. Saludamos a todo mundo, mi Amá ahí estaba, por lo tanto me sentí como en casa. Todo marchaba bien, solo que al caer la noche y a la hora de acomodarnos la situación se tornó problemática. Martín rentaba dos cuartos, uno de seis por cuatro metros que también servía de cocina, y el otro, que estaba al fondo, era un poco más chico, como de cuatro por cuatro metros. En el segundo dormían su esposa, dos hijos y una hija, incluido él. Pero eso no era todo. En el cuarto grande dormían como doce personas más, unos amigos y familiares de la esposa de Martín. En esos días que llegamos, Martín dormía en el cámper de la camioneta de un amigo suyo, don Jaime. Lo bueno es que estaba bajo una cochera y él ahí dormía con su esposa, para que mi Amá durmiera en el cuarto de ellos con sus hijos e hija. En la noche nos acomodamos como pudimos. Chuyito y yo dormiríamos en el piso. Para mí dormir en el piso no era problema; el problema era que éramos demasiados en un pequeño cuarto: doce que ya dormían ahí, más Chuyito y yo. La primera noche no tomamos en cuenta la incomodidad, lo que queríamos era descansar y era lo que había. Para mí, como dije, no era problema.

MI PRIMER TRABAJO EN TIJUANA

Haberme graduado de mecánico me hacía abrigar la ilusión de que trabajaría en algo relacionado con mi especialidad. Mi hermano Martín trabajaba de despachador de gasolina en una estación de servicio, la Estación Misión, que estaba enfrente del Auditorio de Tijuana. Yo estaba bien definido: quería trabajar en un área asociada con lo que había estudiado. Martín tenía un amigo o conocido que operaba su taller en la colonia 20 de Noviembre; ahora en ese lugar hay canchas de futbol rápido. Me llevó a que conociera al dueño del taller y de inmediato empecé a trabajar con él. No recuerdo cuánto me pagaba, pero duré ahí a lo mucho un mes, ya que todos los que vivían en la casa con Martín ejercían como franeleros, limpiando carros en la gasolinera y ganaban hasta veinte dólares el día. Lo que logró que decidiera a ocuparme de franelero fue que además de que ganaba muy poco, el dueño del taller a veces no me pagaba. Una vez que arreglaba el mofle de un carro, se me barrió la llave con la que estaba aflojando unos tornillos, ocasionando que me raspara los nudillos y me cayera polvito con aceite en un ojo. Sentí tal desespero que aventé las cosas y me salí de abajo del carro donde estaba; respiré profundo, me miré las manos ensangrentadas por el golpe que me había dado y como pude me limpié los ojos; ya en la casa me los lavaron con agua con azúcar para que se me quitara el ardor. Volví al taller y me coloqué de nuevo abajo del carro para acabar de arreglarlo. Terminé mi jornada y al día siguiente que me presenté para renunciar, el dueño no abrió el taller; al segundo día tampoco y ya para el tercer día ya no regresé. Después supe que preguntó por mí; me debía días de trabajo pero ni a cobrarle regresé. Nunca volví a pararme en aquel taller.

LIMPIANDO BAÑOS PARA QUE ME DEJARAN LIMPIAR CARROS

Después de mi experiencia como mecánico, tenía claro que trabajar era una obligación de tiempo completo y no de medio tiempo como antes, cuando solo era para pagar los pasajes y los uniformes de escuela. Se trataba de trabajar muy duro para cumplir mis sueños de niño. Por cierto, cuando Rayel y yo nos íbamos a pie caminando por la 300, una calle por la que caminé mucho, a lo largo de aquel trayecto y en los lugares donde trabajábamos siempre decíamos que compraríamos un carro a nuestro gusto, de preferencia nuevo y con un potente motor. En aquellos tiempos Lamberto, un hermano de Chiquis, aquel señor que nos llevaba a trabajar a los campos agrícolas en su camioneta, poseía un Maverick, un automóvil de la Ford con motor 302 modelo 1975. Cuando lo veíamos pasar decíamos: "Lo primero que voy a hacer cuando tenga dinero será comprar un carro igualito a ese"… cosa que ninguno de los dos hicimos, pero igual era parte de mis sueños de niño.

Una vez que dejé de trabajar en el taller, me fui con mi hermano Martín a la estación de gasolina para ver si me dejaban limpiar carros. Muy ilusionado, recuerdo que cuando llegué con Martín, él habló con el Cholo, el Henry, el Gaby y con la Urraca, como le decían a otro de los líderes de la estación. Todos le dijeron que si yo era su hermano que adelante, daban su anuencia, pero antes debía hacer lo que hacían todos los franeleros: limpiar los escusados, barrer y trapear toda la estación antes de propiamente limpiar carros. Así es que manos a la obra.

En las estaciones de gasolina los escusados no tenían agua de tubería, los dueños mandan construir pilas o depósitos de agua y las llenaban, de vez en cuando, con pipas que llevaban el agua cada vez que se la solicitaban. La primera vez que me tocó lavar un baño salí vomitando. El baño estaba tapado, todo sucio, y no había agua en la pila. Voy con el encargado en turno y le digo: "Oye, no hay agua para lavar el baño", y me contesta: "¿Quieres que yo te busque agua o qué chingados quieres?, ¿vas a trabajar o no?". Me sentí morir. Insistí: "¿Y cómo le voy a hacer sin agua?". Al margen de que la sensación de asco no se me quitaba, agarré valor, me di la vuelta y fui a ver cómo le hacía. Uno de los trabajadores me dijo que como a la mitad de la cuadra, en una casa les proporcionaban agua para emergencias. Si yo le caía bien al dueño de seguro me daba agua, y allá voy a conseguir agua con la cubeta en la mano. Llegué, toqué el portón de madera y al poco rato salió el dueño. Le expliqué mi situación, y debí hacerlo de manera muy sincera, porque el hombre se compadeció y me dijo que las veces que ocupara agua podía tomarla de su llave sin pedir permiso. Era mi primer gol anotado; ya tenía con que lavar los baños.

Creo que así empecé a saber negociar. Pedir agua para lavar baños era un oficio noble: ganaba como veinte dólares al día o posiblemente más. El dólar estaba más o menos a tres pesos, el salario mínimo era de diecisiete pesos con cincuenta centavos. Luego al peso le subieron tres ceros y en los años noventa se los volvieron a quitar, un tema sobre el que no me meteré a platicarles porque no viene a cuento. La cosa es que yo ganaba como veinte dólares en un turno, razón por la cual pensé: De aquí soy.

Mientras trabajaba en la estación de gasolina, conocí a Valentín (qepd), oriundo de Agua Blanca, un ejido que está como a seis kilómetros de Agua Escondida. Era un señor honesto y trabajador con quien hice muy buena amistad, así como con otros compañeros de trabajo. Yo pesaba entonces como sesenta kilos (ahora que escribo estas memorias mi peso es de noventa y tres kilos), y recuerdo que cuando no llegaban carros a cargar gasolina nos poníamos a jugar y a apostar. Mi juego favorito era apostar a que de un solo brinco le pegaba una patada al marco superior de la puerta. En sí, era lo que me daba el brazo estirado para arriba y dos cuartas más, algo así como dos metros o poco más. Cómo gané dinero al inicio, pero ya luego me conocieron y dejaron de apostar conmigo.

En esos días, antes de que pasara un mes, mi Amá ya se había regresado a Guasave. Chuyito, mi compañero de viaje, se había colocado con un constructor que operaba junto a los departamentos donde habíamos llegado. Todo iba normal. Ganaba dólares para mandarle una parte a mi Amá y a mi Apá. En el centro comercial Las Palmas había una oficina de telégrafos y desde ahí mandaba el dinero, cada ocho días, como relojito.

Cada vez que mandaba dinero me emocionaba hablar a casa de don Ramón y su señora Irma, quienes tenían un abarrote en Guasave. Añoraba que llegara el sábado para ponerle monedas a un teléfono que estaba en la esquina del Issstecali de La Mesa, y orgullosamente hablar y decirle a mi papá que le había mandado dinero. Era un gusto para mí mandarles lo que podía. Mi Apá orgulloso, pero con pena, me decía que no me preocupara por ellos, que a lo mejor a mí me hacía falta ese dinero. Yo seguí con ese hábito hasta el último día de sus vidas; escuchar sus voces y sentir que se sentían orgullosos de mí me llenaba siempre de alegría.

Antes de que se cumplieran dos meses de haber llegado con Chuyito, Martín mi hermano optó por regresarse a Guasave. Para mí fue una noticia de alto impacto, ahora cómo le iba a hacer. Ya no tendríamos dónde vivir. Para Chuyito no había problema alguno porque él regresaría una vez terminadas las vacaciones. Su idea era estudiar la carrera de Educación Física, de la cual se gradúo satisfactoriamente; a la fecha trabaja como profesor de su especialidad en la Escuela Secundaria Federal Insurgentes en Guasave. Cuando Martín volvió a nuestra tierra, dejó dos o tres semanas pagadas de renta. Lógicamente vendió todo lo que no se pudo llevar, y solo dejó unos pedazos de alfombra que nos sirvieron de cama.

Estábamos pues avisados de que solo nos quedaban dos semanas cubiertas de renta. Sabía que no iba a poder yo solo con el pago de nuestra estancia, además de que no tenía ni una silla ni una mesa, mucho menos una estufa; y dormir en el piso sobre un pedazo de alfombra con la mochila de ropa por almohada, con una toalla vieja sirviendo de funda, no era ciertamente la mejor manera de vivir. Pasó el tiempo y Chuyito se tuvo que regresar. Yo no hallaba qué hacer; mi cabeza daba vueltas. Le comenté del tema y Valentín me ofreció que me fuera a su casa. Él vivía en Lomas Taurinas, donde mataron al candidato presidencial Luis Donaldo Colosio Murrieta en 1994, lejos del lugar de trabajo. Pero no tenía otra opción y acepté aquel generoso gesto. Antes de eso, con unos conocidos fui a la colonia Buenavista y un señor que tenía un carro abandonado fuera de su casa me lo ofreció para que durmiera en él. Me permitiría también hacer uso de su baño, pero para bañarme tendría que ir a los baños Vica, instalados adelante del Swap Meet. De entrada me pregunté: "¿Me voy a bañar donde se bañan todos y me van a ver bichi, encuerado?". Aquello nada más no me gustó.

Como fuese, aunque estaba lejos me fui a vivir con Valentín y su familia. Todos los días me iba caminando desde la estación de gasolina hasta Lomas Taurinas, ya que me daba miedo ir al centro y de ahí tomar otro transporte a la casa. Entre miedo y el hecho de que no sabía andar en transporte, optaba mejor por caminar. Me aventaba cincuenta minutos o un poco más en mis largas caminatas diarias.

MI NUEVO TRABAJO, RENTANDO CUARTOS EN UN MOTEL DE PASO

A los tres meses de haberme incorporado a la estación de gasolina y de formar parte ya del grupo de trabajadores, un día que me encontraba franeleando un automóvil, de la oficina de la gasolinera, ubicada en el segundo piso, se abrió la ventana y un señor como de cincuenta años con sombrero tipo de Panamá pegó un grito para decir: "Chavalos, ¿quién de ustedes sabe leer y escribir?". Ni tardo ni perezoso inmediatamente levanté la mano. El señor bajó de donde estaba y me dijo: "Rosita (su hermana) ocupa a alguien que le ayude a rentar cuartos, ve y dile que te mando a que le ayudes". Aquel señor era un tipazo; le decían el tío José. Muy alegre y divertido que era el tío José. Con mucho interés en el nuevo trabajo, pregunté las señas y todo y ahí voy caminando por el bulevar. Pasé por carnitas Uruapan, por la Gran Bota, que era una tienda de calzado; me quedaba mirando todo. Luego pasé por el Razza's bar, ahí estaba el jefe Gama, como le decían al dueño; luego pasé por el hotel La Mesa Inn, y ahí voy caminando. Cuando iba a la oficina de telégrafos al centro comercial Las Palmas nunca puse atención o nunca me fijé dónde estaba el motel. Por fin llegué a la oficina del motel y me quedé unos minutos esperando y viendo para todos lados. El motel sobre el bulevar tenía un bar que se llamaba Le Chic's, cuyo dueño era Roberto Rosas, hijo de doña Rosa.

Por fin apareció Raquel, una recamarera. Amablemente me preguntó que si se me ofrecía algo. Le comenté que me había mandado el tío José de la estación de gasolina a que me entrevistarán para el trabajo de rentar cuartos. "¡Ah!. Deja le digo a la señora". Se fue hacia una de las habitaciones y al poco rato salió doña Rosa. Se perfiló hacia la oficina y me dijo que pasara para hablar con ella. Ahí me entrevistó, me preguntó de dónde era, por qué había decidido irme a Tijuana, etcétera. Todo lo contesté de la mejor manera, tanto que después de la entrevista quedé contratado. Al día siguiente me presenté a trabajar.

De la entrevista regresé a la estación de gasolina. Les platiqué a todos los compañeros que tenía un nuevo trabajo y muchos me felicitaron; otros me decían que ahí no ganaría dinero como en la estación. Al día siguiente llegué temprano a la oficina. Mi primer horario era de siete de la mañana a las tres de la tarde. El motel tenía tres horarios: el primero era el que me tocaba cumplir; el segundo era de tres de la tarde a once de la noche; y el tercero era de once de la noche a las siete de la mañana, el más pesado para mi gusto.

A eso de las nueve de la mañana no sabía ni qué hacer. Don Vicente, el recepcionista que salía a las siete de la mañana muy desvelado, ya no quería saber nada del motel. Solo me entregó las llaves y se fue. A esa hora llegaban las recamareras Raquel y Mary, así es que volando me fui a la lavandería para que me dijeran qué tenía que hacer. Ellas me tranquilizaron: "No te preocupes, en la mañana ya solo queda registrar las salidas, por ser motel de paso todo el movimiento es de noche".

Me fui a la oficina. Algo más tarde miré entrar una camioneta Blazer del año, roja con franjas blancas, conducida por una señora muy guapa, rubia y con lentes oscuros. Pensé: "Mi primer día y ya tengo que atender a la judicial". Observé el carro hasta que se estacionó; se apeó de él la señora con la bolsa en una mano y las llaves en la otra y se dirigió a la lavandería. La vi platicar con las recamareras y después de un rato entró a la oficina. Yo la verdad no tenía entonces el hábito de la limpieza. Apenas entró me pidió que levantara unos papeles que don Vicente había dejado en el piso. Yo le comenté, el mejor modo de rancho, que yo no los había tirado, que había sido el recepcionista de la noche. Ella me contestó que eso no me había preguntado. Entendiendo el mensaje, levanté los papeles y los tiré al bote de la basura.

Esta señora guapa de la Blazer roja con franjas blancas va a formar parte muy importante en este libro. Me alineé con ella y comenzamos a trabajar. Me enseñó cómo se llenaba una hoja de registro de los huéspedes; el costo por habitación; cómo tenía que contestar el teléfono; dónde estaba la basura y el llavero con todas las llaves de los cuartos. Para las once de la mañana yo ya estaba rentando el primer cuarto, solo que desde el primer día como que algo no me cuadraba. Llegaban parejas más bien raras, las señoras o muchachas se quedaban en los carros y los señores se bajaban muy de prisa y llegaban a la oficina y pedían el cuarto. Rápido se hacía todo, a mí eso no me gustaba.

Resulta que como era motel de paso, arribaban las parejas, hacían sus cosas y al cabo de dos o tres horas salían bañaditos y sonrientes. Decía para mí: Pues como que los señores eran muy buenos para contar chistes porque las doñas salían muy sonrientes. Todo era entonces raro para mí; tenía menos de veinte años y no conocía ese mundo.

A la semana ya era un experto. Me dejaban hacer los cortes de caja de los tres turnos y me mandaban al banco a depositar. Doña Rosa era una señora muy activa; entre ella y yo nos poníamos a recorrer todos los cuartos para ver si en los turnos anteriores no habían hecho chapuza en la renta de los cuartos, ya que si no cuidaba los controles, los recepcionistas podían declarar solo una vez de renta y quedarse con dos o tres veces más de renta del mismo cuarto. Toda un arte el oficio del motel.

Seguía trabajando en la estación de gasolina limpiando carros, ya que en el motel solo me pagaban el salario mínimo, y la verdad no me alcanzaba ni para comer; ahora las tres horas de comida las hacía en la calle. Con Valentín y su familia nada más llegaba a dormir. Cuando se podía me quedaba en los cuartos que se desocupaban del motel, pero no era fijo: era solo cuando me tocaba el turno de tres de la tarde a las once de la noche.

EL ASALTO A MANO ARMADA

Una vez salí a las tres de la tarde de rentar cuartos, era sábado y no tenía ganas de limpiar carros ese día. Después de depositarle a mi Apá y a mi Amá en telégrafos, noté que me había quedado una lana. Ya era como el tercer mes de trabajo o a lo mejor menos, pero subiendo el cerro de la Buenavista, como unos diez minutos antes de llegar al campo de futbol de la Reforma, colonia que está antes de llegar a Lomas Taurinas, en la mera mitad del cerro, donde solo había veredas para caminar —la calle eran caminos de terracería donde casi no circulaban los carros, pero nosotros cortábamos camino por esas veredas para llegar más pronto a nuestra casa—, salieron de entre unos carros abandonados dos fulanos con facha de vagabundos. Vestían ropas sucias y cada uno empuñaba un cuchillo. Me dijeron: "Danos todo lo que traes y no te haremos daño". En primera instancia me quedé congelado. Los tipos se miraban como con la vista perdida, pero muy decididos a hacer lo que pretendían, que era robar mi dinero. Ese lapso para mí fue como de un segundo, pero posiblemente por el miedo no logré dimensionar cuánto tiempo en realidad me quedé paralizado.

Ellos estaban como a cuatro o cinco metros de distancia, todos descuidados, ejemplos de mala alimentación, flacos y sin mucha energía, pero sí con mucha decisión. Es posible que ocuparan dinero para comprar drogas; no creo que les gustara trabajar. En esa fracción de segundo y notando que a ellos no se les miraba mucho brillo, y teniéndolos por suerte a una distancia considerable, por mi mente pasó que en las escuelas en las que había estado pocos me ganaban a las carreras, así es que opté por correr a todo lo que mis piernas daban. Nunca volteé hasta que ya no pude correr, solo al inicio escuché que dijeron: "Se va ir", y también escuché como que intentaron ir tras de mí. Después de un momento corriendo ya no escuché nada. Mi corazón latía a una velocidad exagerada, sentía que se me salía. Llegué a casa con Valentín y le dije: "Me quisieron asaltar en la Buenavista, así es que el lunes voy a renunciar al hotel y me regreso a Sinaloa". Valentín, muy preocupado, me dijo que lo pensara, que en Sinaloa no había mucho trabajo, y que él me iba a enseñar a andar en los taxis para que ya no anduviera a pie por el cerro de la Buenavista; que a mucha gente la habían asaltado ahí y que yo había corrido con mucha suerte que no me hubiera pasado nada.

El domingo no fui a trabajar, ni al motel ni a la gasolinera. Mi cabeza daba vueltas vertiginosamente con cada pregunta que me hacía. ¿Y si me hubiera pasado algo? ¿Cómo le iban a avisar o quién le iba avisar a mi Apá y a mi Amá? ¿Y si nadie se diera cuenta de que me había pasado algo? ¿Y si nadie me extrañara pese a que pasara el tiempo sin saber nada de mí? ¿Hasta cuándo mi familia se iba a enterar de que yo estaba muerto? Y mi cuerpo, ¿quién lo iba a encontrar? ¿Y cómo le iban a hacer para llevarme a Sinaloa? Mi familia no tenía dinero, ¿qué iba a pasar conmigo? Ese domingo viví horas de sentimientos encontrados y tristeza profunda. Por un lado sentía miedo de quedarme y por otro lado no me quería regresar a Guasave, pues sabía que si me regresaba al rancho las posibilidades de ser alguien en la vida iban a ser muy complicadas. Triunfar cuando las oportunidades son pocas no es muy seguro; en cambio, Tijuana con su gran desarrollo me ofrecía crecimiento, solo que para mí esta ciudad me parecía una jungla.

PRESENTÉ MI RENUNCIA

Al día siguiente me presenté al motel y esperé a la señora Silvia. En cuanto llegué me fui a encontrarla al carro a ayudarle con unas cosas que llevaba para el motel, una caja con jabones y detergentes para la limpieza de los cuartos. Inmediatamente la abordé para decirle que me iba a regresar al rancho; en palabras cortas pero muy decididas le expliqué lo que me había pasado, que sentía mucho miedo y que me preocupaba que me pasara algo y que mi Apá y mi Amá sufrirían mucho si yo me accidentaba o me golpeaban. Su mirada confirmaba que me estaba escuchando, pero no entendía por qué renunciaba. Ella propuso: "Aquí en Tijuana pasan muchas cosas, la ciudad es grande y hay muchos vagos que asaltan y pues te tocó; yo no quiero que te vayas, voy a hablar con mi mamá para que te dé permiso de quedarte en el motel y así nos ayudes con la administración". En primera instancia me sacó de onda, eso no estaba en mi plan, yo estaba decidido a irme a Guasave. Me pidió que la esperara y llamó a su mamá, le explicó mi situación y para antes de mediodía ya tenía yo permiso de quedarme en las habitaciones que no se rentaban; cuando no había cuartos disponibles, muy común los fines de semana, pernoctaba en la lavandería.

Con ese acuerdo seguí trabajando en el motel. Para la Navidad de ese año que llegué a Tijuana ya me había ganado el cariño de casi toda la familia. Para la cena navideña fui invitado a cenar con una de las hermanas de Silvia. Fui muy contento al Swap Meet de la 5 y 10 y me compré un cambio de ropa y unos zapatos; según yo iba bien guapo y presentable, pero era para lo que me alcanzaba.

En ese primer semestre de estancia me consolidé como un trabajador de confianza. Se me asignaba a hacer los cortes de caja de los tres turnos y llevarlos a depositar al banco. También ya era el enlace entre el negocio y el despacho contable. Mi esmero con atender a la señora Silvia era enorme. Creo que le adivinaba el pensamiento de todo lo que quería: cuando llegaba en las mañanas yo ya le tenía el desayuno, le encantaban los huevos con machaca de un restaurante que se llamaba El Cid, en el centro comercial Las Palmas; en cuanto había oportunidad le lavaba su camioneta. Organizaba toda la administración del motel como todo un empleado de confianza y muy entrón, pues había veces que me aventaba los tres turnos de renta de cuartos. El motel tenía un bar que se llamaba Le Chic's. La primera vez que entré a dar un recado a la persona que atendía la barra sentí algo de temor; era un lugar oscuro, con luces rojas, una pista de baile y, lógico, los hombres abrazaban a las muchachas. Para mi edad y mis raíces, aquellas escenas en vivo eran algo que yo creía perteneciente al mundo de las historias y los cuentos o que solo se veían en las películas.

La convivencia con toda la familia estaba bien. Yo era el mozo perfecto que cualquier negocio quiere tener, con disponibilidad las veinticuatro horas; honesto, ya que en los turnos en que yo estaba al frente del negocio era cuando más cuartos en renta se reportaban: de los menos de treinta cuartos que había, reportaba como sesenta rentas en los turnos de fin de semana; con juventud y en pleno crecimiento; astuto para los números; hábil para resolver problemas; de buen trato con las personas y con mucho espíritu de servicio. Todo iba bien.

PREPARATORIA FEDERAL LÁZARO CÁRDENAS, UN RETO

Al siguiente año de haber iniciado a trabajar con doña Rosa y la señora Silvia, sentí inquietud por ingresar a la preparatoria, ya que mi carrera técnica no me había servido para estudiar una carrera en la universidad. La señora Silvia me decía que yo tenía mucho potencial, que era muy inteligente, así es que me la creí y empecé a investigar las opciones de estudio. Siempre tuve en mi mente encontrar una preparatoria de gobierno donde no tuviera que pagar colegiaturas. Preguntando obtuve información del Colegio de Bachilleres Plantel La Mesa, la Iberoamericana de Playas de Tijuana, el Colegio de Bachilleres del Estado de Baja California y otras opciones, pero la que más me gustó fue la preparatoria Lázaro Cárdenas. Me apersoné en ella y me dieron la información solicitada, pues yo traía todos mis papeles completos. Con la guía de estudio a la mano volví muy contento al motel.

Toda la familia y sus amistades me decían que había elegido la más difícil, que mejor intentara en otra preparatoria, ya que entrar a la Lázaro Cárdenas no era nada sencillo y que lo más probable era que iba a perder un año si seguía de terco con esa opción. Seguí con mi plan de entrar a esa escuela, pagué los derechos, me preparé y presenté el examen. Cuando dieron los resultados no lo podía creer: ahí estaba mi nombre en la lista del periódico, tan grande como las veintitrés letras que componen mi nombre. Todo mundo se quedó estupefacto, no lo creían. La que siempre creyó en mí fue la señora Silvia; ella siempre me tuvo fe, siempre me alentaba y me decía que sí pasaría el examen, así es que lo hice y bien. Entraría a la preparatoria que me había gustado y que yo había elegido.

Había entonces dos ciclos, unos entraban en agosto y otros en febrero del año siguiente. A mí me tocó entrar en febrero, pero eso era lo de menos si ya había pasado el examen; mi lugar estaba asegurado, así que solo había que esperar.

En ese año, como el anterior, volví a pasar la Navidad con la familia de doña Rosa. Silvia mantenía su atención e intención de hacerme partícipe de los eventos de la familia. Ese año pasaron muchas cosas. Silvia y su esposo David habían adoptado una niña, Marcela. Desde años atrás habían realizado el trámite y para ese verano ya tenían todo autorizado, solo que antes de la última firma, David se fue a Estados Unidos, su país, y le pidió el divorcio a Silvia. Tenían como seis años de casados y nunca habían podido procrear, por eso la decisión de adoptar a Marcela. Nadie se explicó la repentina decisión de David de irse y dejar sola a Silvia con la niña, pero así lo hizo. Hay una explicación que más adelante compartiré.

En Guasave todo seguía igual. Al no poder ir en Navidad, me dieron permiso para el día de la Virgen de Guadalupe. Nosotros somos católicos y por llamarse mi Amá Guadalupe, cada año hacíamos velación en su nombre y el de la virgen. Para nosotros es un día grande y especial, así es que ahí voy a contarle a mi familia lo que estaba haciendo en Tijuana. La ida y vuelta en aquellos años seguía siendo en camión; la posibilidad de pagar vuelos de avión era muy limitada. Yo miraba los aviones y decía para mí: "Algún día volaré en uno". Hoy por hoy, subirme a un avión incluso me enfada de tanto que viajo por cuestiones laborales.

Mi Amá y mi Apá, gustosos de verme, me recomendaban que me cuidara mucho; que no fuera a tomar el mal camino; que le hiciera caso en todo a doña Rosa y a la señora Silvia; que no se me fuera ocurrir agarrar algo que no fuera mío; que tuviera mucho cuidado. Me decía mi Amá que cuando entrara a una casa era mejor que me miraran a los ojos y no a las manos a ver qué agarraba; que era preferible perder un ojo que perder la vergüenza. Eran muchos consejos de aquella época que recuerdo como si me los hubieran dado el día de ayer.

Para cuando iba a entrar a la escuela en 1990, la amistad con la señora Silvia se estaba haciendo una costumbre, un trato muy dependiente. Tenían una casa en Popotla y cada mes íbamos a pagar los recibos de la luz, el agua y a limpiar. (Popotla es un lugar turístico adelante de Rosarito B.C., específicamente situado en el kilómetro 37.5, carretera Tijuana-Ensenada). Se empezó a generar una rutina al estar conviviendo a diario, que en cada actividad que hacía uno, el otro lo acompañaba. Desayunábamos juntos, le lavaba el carro, le pagaba los recibos de servicios de su casa, a ella le entregaba los cortes de caja, en fin, todo circulaba con base en ella y en mí. Pero Silvia, como es natural, tenía otras amistades. Había un par de señores que cuando la visitaban me producían enojo. Cuando estaban con Silvia en la oficina del motel los miraba riéndose y a mí me daba un coraje que no soportaba. Me ponía a barrer, a limpiar cuartos, hacía tareas en lugares donde no los mirara riéndose. Las recamareras me miraban molesto y me preguntaban qué tenía; yo les decía: "Pues nada, no tengo nada".

En febrero de 1990 entro a estudiar a la preparatoria Lázaro Cárdenas e inicia una nueva etapa en mi vida, sí, una más, con la anuencia de doña Rosa y el apoyo de la señora Silvia. Me tocó el turno nocturno, de cuatro de la tarde a nueve de la noche. En mis primeras clases solo me dediqué a observar y aprender lo más que pude; era una esponja para aprender, cumplía con las tareas y en general fui buen alumno.

INICIO COMO ADMINISTRADOR DEL BAR LE CHIC'S

Ese año, uno de los hermanos de Silvia, Roberto —a quien recuerdo con especial respeto por haber hecho una buena amistad con él— había pedido a su mamá volver a administrar el bar Le Chic's. La señora lo había prestado a otro de sus hijos mientras Roberto terminaba su carrera de abogado; al haberse recibido ya tenía tiempo para administrarlo. Además, era muy buen lugar para relacionarse. Desafortunadamente, los hermanos entraron en conflicto y, al modo mexicano, se hicieron dos equipos en el seno de la misma familia. Yo me hice del lado de Roberto y otros trabajadores se hicieron del lado del otro hermano, cuyo nombre omitiré. Con este tuve muchos conflictos por el tema del bar, ya que yo me había convertido en el brazo derecho de Roberto en ese negocio, y de doña Rosa y la señora Silvia en el motel.

En el bar me tocaba lidiar con cada personalidad. Había personas que llegaban sin hablar y luego de tres cervezas parloteaban hasta por los codos. Otros, muy educados en apariencia, se revelaban de aquella estirpe que poco gustaba de pagar su consumo al retirarse. Otros eran muy enamorados con las muchachas del bar; de hecho, hubo quienes se divorciaron de sus esposas y se juntaron con algunas de nuestras chicas. Ellas, al cabo de dos o tres años volvían a las andadas, mientras que otras aprovecharon y formaron familias.

A mis veinte años era un torbellino para hacer dinero en el motel y en el bar. Los dueños estaban encantados con la manera en que podía vender una botella de Buchanan's a un cliente que solo llegaba por una cerveza, o de un inventario de menos de treinta cuartos reportar poco menos de cien ocupaciones en una sola noche. Había veces que no dormía en tres turnos. Salía en la madrugada del bar y cerraba cuentas con la persona que salía a las siete de la mañana del motel y de ahí esperaba que abrieran el banco para ir a depositar la venta de la noche anterior. Después de hacer el depósito desayunaba, entregaba cuentas a doña Rosa o a la señora Silvia y me iba a dormir. A eso de las dos de la tarde me tenía que levantar porque a esa hora pasaba el camión de la cerveza a surtir. Recibía la mercancía, hacía el inventario para entregarlo a la persona responsable de la barra y me iba a comer con la señora Silvia, a platicarle cómo me iba en la escuela y contarle todos mis sueños. Siempre he soñado, a la fecha sigo soñando, pero naturalmente son sueños diferentes.

MI PRIMER PLEITO CON EL HERMANO DE ROBERTO

Una vez que hacía corte de caja de la venta de licor, como a las tres de la mañana llegó el hermano de Roberto muy enojado porque le habían quitado la administración del bar. Fue directo hasta donde yo estaba, con un coraje insano se me fue encima, me quiso coger de la camisa y yo me hice para atrás. Como no pudo pescarme, agarró una caja de madera de esas del tequila Cuervo 1800 donde yo guardaba las notas de venta y me la tiró a la cara. No sé cómo tomé la caja de madera en el aire y se la aventé de regreso. Le pegué justo en el pecho y su coraje aumentó de manera indecible. Se me figuraba que le iba a dar un infarto. Recuerdo ahora sus palabras solo porque las estoy escribiendo y quiero que salgan para no quedármelas, pues de ratero y muerto de hambre no me bajaba. Salió furioso acompañado de sus amigos y dijo que iría por una pistola para matarme. Salió enfurecido del bar y escuché los acelerones y el quemar de las llantas de su Jeep. Los amigos que estaban en el bar me recomendaron que me fuera, pero mi sentido de responsabilidad me decía que no dejara el negocio solo. Uno de mis amigos me llevó a un cuarto del hotel y de debajo del colchón sacó una pistola Beretta 9 milímetros, negra, preciosa, y me dijo: "Si quieres chingarte a ese cabrón, aquí está mi pistola". Me la puso en la mano, la miré y le respondí: "Yo no sé usar estas cosas". Para mí era la primera vez que empuñaba una pistola de verdad, además de que este señor no dejaba de ser hijo de doña Rosa y hermano de la señora Silvia, quien me había apoyado dándome trabajo y creyendo en mí para que fuera a la escuela. Mi cerebro ranchero, ya acostumbrado a trabajar acelerado para tomar decisiones de ciudad, me aconsejó regresar la pistola a mi amigo y sentarme en el colchón de la cama de su cuarto, triste y sin saber qué hacer. Volvió el hermano de Roberto y me avisaron que me andaba buscando. Luego me notificaron que Roberto venía en camino, así como doña Rosa. El hijo alebrestado se enteró de estos movimientos y optó por salir corriendo en su Jeep.

Para cuando llegaron doña Rosa y Roberto ya todo estaba tranquilo. Roberto me palmeaba y me decía que mientras él estuviera vivo nadie me iba a tocar. Era todo un caballero, un hombre alto y bien educado; vestía como vaquero, con su tejana y abrigos largos que le daban un aire de artista.

Ese día quedó atrás y los siguientes, Roberto se quedaba conmigo hasta que hacía el corte de caja. La señora Silvia pidió que me dieran descanso y no trabajara de noche. Así lo hicieron y empecé a trabajar más de día. Ya que salía de la escuela me iba directo a dormir.

EMPIEZA EL ROMANCE CON LA SEÑORA SILVIA

Después del pleito con el hermano de Roberto, dejé de administrar el bar por un tiempo. Pasaba más tiempo con Silvia. Como dije, ella tenía una casa en Popotla. La casa estaba junto a un acantilado como de veinte metros. Hacia el lado de la playa se alzaban unos ventanales que ofrecían una vista preciosa. Había una puerta de vidrio que daba a un balcón al que salía uno para solazarse con la brisa marina. El ruido del mar era muy agradable, sugerente, sedante. Ahí cerca vivía don Juan, un señor que se encargaba de cuidar la casa y de recibir los recibos de agua y electricidad. Cada vez que íbamos le dábamos su propina para que nos avisara cualquier detalle de la casa. La vivienda era independiente y con estacionamiento hasta para tres automóviles.

Cuando entré a la preparatoria me di cuenta de que muchos alumnos hablaban inglés, y le comenté a la señora Silvia que a mí me gustaría también aprender el idioma. Me dijo: "Pues a ver cómo le hacemos para que aprendas". Empezamos a ir más seguido a la casa de la playa para estudiar inglés y las demás materias de la escuela. La verdad, nos escudábamos bajo cualquier pretexto para irnos a la casa de la playa, si bien aclaro que todo se desarrollaba con mucho respeto. Nos reíamos mucho. A Silvia le encantaba que le platicara cosas del rancho, de cómo eran mi Apá y mi Amá, cómo era donde yo vivía, etcétera. Mostraba tanto interés en mis cosas que a mí me gustaba mucho platicarle de todo aquello. No sé cómo describir esos momentos que vivimos, pero eran muy agradables. Para mí subirme a su camioneta era como un sueño. Venir de una comunidad donde para ir a la escuela tenía que caminar más de diez kilómetros, y luego andar en una camioneta del año era un gran salto.

Así seguimos por un tiempo. En la preparatoria hice grandes amigos, pero en mí estaba siempre la señora Silvia. En mi mente era una prioridad lo que íbamos a hacer al día siguiente. Cuando no había nada qué hacer me ponía a lavarle el carro. En ese entonces ya David Wyman no estaba con ella. Entre nosotros se fue haciendo una relación de mucho cariño y afecto. Para todo nos tomábamos en cuenta. Cuando Silvia salía a algún lugar a divertirse siempre quería que yo la llevara y la recogiera; parecía que se arreglaba más para que yo la viera que para lucir en el lugar a donde iba. Yo también hacía mi parte: cuando iba por ella me vaciaba un perfume barato que había comprado en el Swap Meet, usaba unos Levi's 501 con una camisa de manta y unos zapatos de Los Tres Hermanos que, en conjunto, constituían para mí el mejor vestido, según pensaba. A Silvia le gustaba lo que yo vestía, así que yo me la creía.

Así convivimos todo el inicio de 1990 y en el verano de ese año una vez fuimos a la casa de la playa. Habíamos ido a limpiar y ver si no había recibos para pagar. Llevamos un six pack de cerveza XX Lager. A Silvia le encantaba la música de banda. La canción que más le gustaba y que siempre pedía era la de "Un puño de tierra", cantada por Antonio Aguilar con banda. Silvia tenía una grabadora pequeña, viejita, pero igual sonaba bien. Llevamos un casete con la música que le gustaba y al escucharlo nos reímos mucho. Ya con la cerveza y la música le pregunté si quería bailar, ante lo que soltó la risa y me dijo: "¿Me estas invitando a bailar?". A lo que contesté: "¿Y por qué no?". Ese día Silvia llevaba una falda de mezclilla azul y una blusa de color blanco, huaraches playeros y el pelo suelto. Se veía muy guapa, y como toda mujer que vive bien, se arreglaba mucho. Para mí era como decir "la dama y el vagabundo". Todo pasó sin pensarlo. Ya teníamos más del año conviviendo, no recuerdo si para esa fecha ya había firmado el divorcio o estaba por firmarlo. La cosa es que empezamos a bailar, yo aún muy respetuoso trataba de bailar separado de Silvia, solo que ella me abrazaba mucho. Ya no sabía en qué me había metido. Pensé que me estaba calando, luego reparé: "¿Y si después del baile me corre?".

Ese día solo fue de baile. De regreso veníamos muy serios. Ya era de tarde y yo venía muy apenado. Pensé: "Llegando a Tijuana me va a correr". Para mí era increíble que me hubiera animado a invitarla a bailar. Ya con las horas se me bajó el alcohol. De regreso se me acabaron los chistes, no sabía qué decir, no hablaba nada. Pasando Rosarito, me preguntó sobre cuestiones del trabajo; empecé a respirar más tranquilo. Pensé: "Entonces no me va a correr".

Llegamos a Tijuana y me dejó en el motel. Yo me dediqué a seguir trabajando, con mucho más esmero que al inicio. No quería dar motivo a que me corriera; la bailada no se me quitaba de la cabeza. Estaba mucho más atento a todo lo que me pidiera; revisaba los cuartos, hacía los cortes de caja, le enseñaba mis calificaciones. Cuando llegaba en las mañanas ya le tenía pedido el desayuno; me desvivía por atenderla mucho mejor que antes.

A la semana siguiente volvimos a la casa de la playa, creo que los dos ya con intenciones de volver a bailar, escuchar música y, la verdad, de volvernos a abrazar. Compramos cerveza, botanas, papitas, cacahuates y de todo. Esa vez no compramos un six pack: nos llevamos un paquete de doce, seis cervezas para cada quien. Cuando entramos a la casa de la playa no esperamos ni a poner la música. Entrando nos abrazamos, como que estábamos desesperados por abrazarnos. Para mí era muy bonito estar con Silvia, fue algo tan espontáneo y sin perjuicio que así seguimos todo el mes, buscando la manera de vernos cuando se pudiese.

EL EMBARAZO

Después de tanto frenesí ocurrió lo que no estaba en planes, el embarazo. En verdad, cada vez que hablaba del tema de un posible embarazo con Silvia, ella siempre me decía que no era posible, que con David su exesposo habían hecho muchos tratamientos para quedar embarazada y en los años que estuvieron casados no habían tenido éxito en procrear un hijo o una hija, razón por la cual habían adoptado a Marcela. Así es que sin precauciones nos veíamos. El verano de 1990, por ahí del mes de agosto no tuvo su menstruación. Para ella era algo normal, ya que con tanto tratamiento que se había hecho para quedar embarazada de vez en cuando se le alteraba su visita mensual. Para octubre, el mes de su cumpleaños, dijo que se sentía rara, empezó a sentir mareos y ya nos preocupó mucho ese cambio. Optamos porque se hiciera la prueba del embarazo, que salió positivo. Qué noticia para un joven de veinte años, recién llegado de un rancho y con muchas aspiraciones de salir adelante. ¿Qué hacer ante esta nueva etapa? Con problemas con uno de sus hermanos, con un trabajo que no alcanzaba ni para comer yo solo, no tenía ni una cobija propia, ¿qué debería de hacer?

Para esas fechas, de vez en cuando me quedaba en casa de Silvia. Marcela estaba pequeña y me quería mucho en aquel tiempo, hasta que cumplió los veinte años. Para ella, que estaba muy niña, era normal que yo me quedara en su casa, no le veía problema al asunto. Los detalles vinieron después del embarazo. En la casa de Silvia yo ya dejaba ropa y todo lo que tenía, y cuando el embarazo estaba súper confirmado, ya con gravidez de dos meses o más, me apersoné con las cosas que tenía en el motel. Bien cambiado me presenté en casa de Silvia, a quien le dije: "Yo ya me voy para la casa, aquí va a estar bien cabrón. Tu hermano no me quiere, a tu hermana nada más cuernos le faltan para llegar a diablo, y no tengo nada que ofrecerte, así es que ahí nos vemos".

La mirada de Silvia me impactó mucho. Me dijo: "¿Te vas a ir y me vas a dejar sola?". La maleta estaba lista con todas mis pertenencias; no tenía más que lo que traía puesto y la ropa que iba a usar el día siguiente, más un par de zapatos y tenis extras. Era todo lo que tenía de propiedad y con un hijo en camino. De locos en verdad.

ME QUEDO EN TIJUANA

Después de ver la cara de desespero de Silvia al advertir la maleta lista, no resistí y la abracé y le dije que nunca la dejaría sola. Para ella haber quedado embarazada era algo indescifrable. Estaba muy contenta; después de seis años de casada, tras muchos intentos de embarazarse y una hija adoptada, pensaba que nunca sería madre natural. El embarazo era algo divino para ella, claro que para mí también, pero en las condiciones en que vivía entonces no era algo normal tener un hijo en tierra desconocida sin un buen trabajo y apenas iniciando la preparatoria. Tenía los nervios crispados.

En fin, se inicia otra etapa de mi vida: ahora a esperar un bebé que solo Dios sabría cómo íbamos a capotear Silvia y yo.

Los meses siguientes fueron de mucha conexión entre nosotros. Sabiendo del estado de Silvia, era mucho más atento en complacerla en todo lo que ocupaba. Prácticamente pensaba por ella; cuando pedía algo yo ya lo tenía hecho. Todo era armonía. Cuando iba a la escuela me servía de distracción y me ayudaba a ordenar mis pensamientos. Decía para mí: "Voy a estudiar para que mi hija o hijo se sienta orgulloso de mí, voy a trabajar bien duro". En la preparatoria, al igual que en las escuelas anteriores, forjé buenas amistades. Con algunos nos hicimos compadres; a la fecha nos seguimos viendo y nos tenemos mucho aprecio.

Para el séptimo mes de embarazo, Silvia no pudo ocultar su barriga; ya de plano no pudo ocultar su estado y surgieron las especulaciones. Su mamá y demás familia sacaron cuentas de cuándo se había ido David. No cuadraban las fechas, luego decían: "Es que después de que se fue se siguieron viendo y posiblemente ahí se había embarazado". Yo nada más escuchaba, me hacía tonto para no engancharme. Conociendo la verdad poco me importaba lo que dijeran, aunque de repente me calentaba: no me gustaba mucho que le anduvieran escogiendo papá a mi hija.

NACIMIENTO DE ALEXANDRA

Por fin, un 8 de abril de 1991, arriba al mundo Alexandra. Nació en Chula Vista, California. Yo aún no tenía visa para cruzar a Estados Unidos, así es que tuve que esperar noticias en la oficina del motel. Estuve pegado al teléfono toda la mañana. Por fin, como a las once de la mañana hablaron para decir que todo estaba bien y que había sido niña. En el motel todo mundo estaba contento, ya que Silvia siempre fue muy atenta con las y los trabajadores; siempre ha sido muy humana, y como todos sabían que en su matrimonio no había podido tener hijos, estaban más contentos aún. Pero nadie estaba más contento que yo. Me hacía figuraciones sobre a quién se podía parecer. En mi familia siempre ha dominado la nariz chata de mi Amá, así es que me figuraba que la niña debía ser chatita.

A los tres días de nacida Alexandra la trajeron a Tijuana. Yo me moría de ganas de verla y conocerla. Eran sensaciones tan bonitas que sentía por dentro que no sé cómo describirlas. Cuando la tuve en mis brazos por primera vez me sentí tan completo que para nada me acordaba que era extremadamente pobre y que no tenía nada para ofrecerle. Era tan bonito verle la cara todavía hinchadita de recién nacida que se me figuraba que eran mentiras; todo era muy bello, me rebasaba.

SU FAMILIA EMPIEZA A BUSCARLE PAPÁ

El hecho de que David no asistiera al parto les extrañó a todos, así es que corrieron las conjeturas. Después de todo lo que habían luchado él y Silvia para tener una hija, y ahora que tenía una, veían muy raro que no se presentara a conocerla.

A las semanas de que David no apareció a conocer a Alexandra, querían saber quién era el papá. Inició entonces la batalla para ver quién le atinaba. Silvia por supuesto no daba pie a que le preguntaran de quién era su hija. Era un juego de pura especulación. La mamá de Silvia tenía su favorito; la hermana decía que otro era el papá; todos pues tenían su candidato y yo nada más escuchaba.

Seguía trabajando duro en el motel y en el bar, produciéndoles buenas ganancias, sin dejar de estudiar en la preparatoria. Pasaron así los meses, y un día en que Roberto y yo cerramos el bar como a las seis de la mañana, luego de una noche de trabajo muy pesada —además de que el día anterior también había tenido que tolerar pláticas sobre quién era el papá de Alexandra—, ese día me armé de valor y me dirigí a la casa de Silvia donde vivía su mamá. Llegué a la calle Guatemala 25 del fraccionamiento El Paraíso, atrás de Plaza Patria, y entré directo hasta la puerta. Silvia tenía un perro muy grande de una raza parecida a la San Bernardo, pero el can me conocía muy bien y con él no tuve problema. Toqué y me abrió la mamá de Silvia; andaba en bata, toda adormilada. Me preguntó si había pasado algo en el bar o en el motel, le comenté que no, que yo quería hablar con ella, antes que con nadie más.

NO AGUANTO MÁS Y LES DIGO LA VERDAD

Me dijo: "Sí, está bien, pásale a la sala". Yo era una persona de mucha confianza para ellas, así es que aceptó que pasara y comenzamos a platicar.

La mamá de Silvia fumaba en ese entonces, prendió en consecuencia un cigarro mientras le decía lo siguiente: "Doña Rosa, fíjese que desde que nació la niña de Silvia se han estado preguntando quién es el papá, y yo estoy aquí para que usted sea la primera que sepa la verdad". La mamá de Silvia se me quedó viendo, se le juntaron las cejas, le pegó un jalón al cigarro que casi lo enciende de lo duro que le fumó, y me dijo: "Mira, muchacho, fíjate bien lo que vas a hablar, no vayas a comprometer a mi hija de algo que no te conste". De hecho sugirió: "¿Por qué no te vas a dormir y más tarde nos vemos en el motel y platicamos bien?". A lo que con mucha seguridad le contesté que no, que de una vez se lo quería decir, que tenía mucha seguridad de lo que le iba a decir, que no diría ninguna mentira. Doña Rosa volvió a darle otro jalón al cigarro y me dijo: "A ver, ¿quién es el papá?". Con los nervios de punta pero bien decidido contesté: "Yo, yo soy el papá de la niña y me duele mucho que le anden buscando a otro". Me volvió a preguntar: "¿Estás seguro de lo que estás diciendo?". Y le volví a contestar que sí. Nos quedamos un rato sin hablar, luego se levantó del sillón y fue a buscar a Silvia. En un par de minutos llegaron las dos. Silvia llevaba una bata color vino, con bordados negros como listones en las orillas de la prenda.

Cuando Silvia me miró hizo una expresión de "Ya valió". Eran pasadas las seis de la mañana y su mamá no estaba del mejor humor. Volteó a verla y le dijo: "Este muchacho (desde entonces dejó de llamarme por mi nombre) viene aquí a decirme que es el papá de la niña, ¿es cierto eso?". Silvia era un manojo de nervios, no hallaba qué hacer. Al fin respondió y le dijo: "Sí, mamá, Juan Carlos es el papá de Alexandrita". Doña Rosa le dedicó una mirada de pocos amigos que casi la fulmina. Le dijo: "Vete a tu cuarto, más tarde hablamos". Conmigo hizo lo propio: "Muchacho, vete al motel, allá hablamos".

YA NO SOY EL CONSENTIDO, EMPIEZAN LAS OFENSAS

Después de que le conté a la mamá de Silvia que yo era el papá de su nieta las cosas cambiaron para mí. Solo trabajaba en el bar y se me complicaba ver a la niña. Entre la escuela y el trabajo fueron pasando los semestres. Ya no me dejaban dormir en el motel. Renté un cuarto en la colonia 20 de Noviembre; caminando, desde ahí hacía unos quince minutos. Lo positivo es que me habían respetado el empleo; seguía con el bar y no había perdido la autoridad, seguía de jefe.

Con Roberto en la administración del bar y con mi energía empezamos a hacer popular aquel sitio. De miércoles a viernes llevábamos música en vivo, bandas y conjuntos norteños; nos distinguíamos por contratar a meseras muy guapas. Hicimos del lugar un referente donde banqueros, empresarios, profesionistas y altos ejecutivos iban a pasar un rato agradable. La gente del ambiente, grupos musicales, artistas, luchadores, comediantes, etcétera, también nos visitaban. Todo iba bien, los ingresos mejoraban notablemente y eso ayudaba a que no me despidieran.

Ya para entonces la mamá de Silvia había compartido con otra de sus hijas y con el hijo que me quería golpear que yo era el papá de Alexandra, y por supuesto que la noticia no les cayó nada bien. Les dio por rechazar a la niña; no la incluían en festejos o piñatas que les preparaban a sus hijos; me difamaban llamándome ratero, asegurando que yo me quedaba con el ingreso de las ventas. Le preguntaban a la mamá de Silvia que cómo podían confiar en alguien que no conocían bien, que quién me revisaba, acumulando un sinfín de adjetivos negativos contra mí.

Cuando la hermana de Silvia llegaba al bar con sus amigas se sentaba en la barra. Como atención y aun queriéndomela ganar, me acercaba a ellas para ver qué deseaban tomar. Ella se volteaba y decía a sus amigas: "Aguas con sus bolsas, por aquí anda un ratero". Muy triste y frustrado me volteaba y cambiaba de lugar. Ahí se la llevaba en la barra por un par de horas, haciendo como que ordenaba a las muchachas del bar, con alarde de la fanfarronería que la caracterizaba.

Afortunadamente, Roberto siempre fue muy humano. Solo una vez habló conmigo del tema: "Si le tienes amor y cariño a mi carnala, respétala; no andes por ahí diciendo que eres el papá de la niña. Mi carnala tiene muchas broncas con mi familia por la decisión que tomaron ustedes de meterse y tener a la niña. De mi parte, lo único que siento es alegría de que mi carnala sea mamá, después de tantos experimentos que se hizo con el David y nunca pudieron tener una hija propia. Pero, por favor, no la metas en más broncas sin necesidad; si tú y ella ya saben que es hija de ustedes, no andes por ahí diciendo cosas, que lo único que vas a hacer es meterla en más broncas". Recuerdo que le di la mano y le dije: "No se preocupe, guardaré el secreto hasta que sea tiempo de decirlo".

CONEXIÓN CON MI HIJA

A escondidas y como podía, seguía viendo a Alexandra. De esa parte le agradezco mucho a Silvia. A pesar de que su familia estaba encima de ella, organizaba los preparativos necesarios para ir a verlas. Algunas ocasiones que estaba en la preparatoria, sentía un desespero por ir a ver a la niña. Algunas veces pedía permiso a los titulares de las últimas clases o me hacía la pinta en clases intermedias para realizar la visita. La mayoría de las veces que iba a ver a Alexandra la encontraba llorando de un modo que a Silvia casi la aturdía. Yo la tomaba en mis brazos y poco a poco dejaba de llorar. Sus sollozos como que me querían decir algo; a mí me daba un sentimiento que casi soltaba el llanto con ella. Silvia me decía: "Ya ves, ¿por qué no te vienes antes?". Yo volteaba a verla y le respondía: "Pues no tengo poderes mágicos para saber si está llorando". En casa de Silvia me quedaba hasta que Alexandra se dormía; después de acostarla platicaba con ella para ver cómo iban las cosas. Le decía que no se preocupara, que yo ya estaba estudiando y que saldríamos adelante, que comida y vestido a Alexandra y a ella nunca les faltarían. Silvia nada más me miraba y me decía: "¡Ay, Juan Carlos!, cómo eres positivo. Trabajas con mi mamá y mi familia no te quiere, cómo vas a salir adelante. De repente te van a correr y no sabemos dónde vas a parar". Yo le respondía: "Nunca abandonaré a mi hija, y si ustedes se van a Europa o a China, créeme que allá iré tras de ustedes, pero nunca las dejaré, eso ténganlo por seguro".

Les he cumplido. El 8 de abril de 2019, Ale cumplió veintiocho años y llevo una relación excelente con ella. La adoro tanto como quiero a mis otras dos hijas, Diana y Karla, y a mi hijo Diego.

GRADUACIÓN DE LA PREPARATORIA E INGRESO A LA UNIVERSIDAD

Por fin termino la preparatoria y se realizaron los eventos de graduación. La misa fue en la iglesia de San Francisco de Asís, en la zona centro de Tijuana, allá por la calle Cuarta o Quinta, creo que enfrente del parque Teniente Guerrero. Ahí miré por última vez a varios de mis compañeros. Recuerdo bien al Marino, a quien le perdí la pista, ojalá luego lo ubique de nuevo; a Efraín, que ahora es mi compadre; al Rasta, de nombre original Joel, quien traía el pelo al estilo afro; al Carnicero, de nombre original Jorge, muy inteligente; a la Tigresa, porrista de los Tigres del Norte; a Edith, a quien espero que Dios haya bendecido; a Gendrop y a Rosalba, quienes se casaron y formaron una bonita familia; a Lupita, muy buena persona; a Herman (qepd); a Salmerón (qepd); a Esteban (qepd); a Palafox, quien se hizo empresario; a Fernando (qepd), que era dueño del Valentino's, un bar que estaba por la calle 11; a Claudia y a Gloria, las fresas del salón, de quienes espero que si leen esto no se molesten, pues así les decíamos y por algo era; y muchos otros que no recuerdo bien, pero junto con los que viví grandes momentos.

Cuando terminó la misa de graduación me fui volando al motel, ataviado aún con toga y birrete. Ya me había organizado con Silvia para que llevara a Alexandra y me tomara unas fotografías con ella, así es que llegué por el estacionamiento de atrás del motel, me asomé a la recepción y ahí estaban Silvia y Alexandra. Les hice señas y ahí venía Alexandra corriendo, me abrazó de las piernas (le encantaba rodearme las piernas con sus bracitos, ya que no me alcanzaba) y me comencé a tomar fotos. Alexandra ya hablaba una que otra cosa. Me miró con la toga y me preguntó por qué me había puesto vestido. Yo me reía y le decía que no era vestido, que había concluido la escuela y que así tenía que andar para la graduación. Alexandra no me entendía ni yo quería que me entendiera; lo único que yo quería era disfrutar ese momento tan bello y de logro académico en su cálida y amada compañía.

CON MI HIJA
ALEXANDRA,
EN EL VERANO
DE 1992.

Antes de la graduación, como cada año organizaron el Grad Nite, evento que todo preparatoriano no desea perderse. Entonces ya tenía visa, me organicé lo mejor que pude y logré pagar el viaje. Ese evento fue espectacular, para no olvidarse. No conocía Disneyland, así es que todo fue nuevo para mí. La salida fue del estacionamiento de la preparatoria; tengo fotografías muy bonitas de ese viaje.

La fiesta de graduación de gala fue en el entonces Fiesta Americana, hoy Grand Hotel. Pagué el anillo, el paquete de fotografías, la fiesta y todo lo que conlleva una fiesta de graduación. A ese evento me acompañó, aunque parezca increíble, la mamá de Silvia; como que le dio gusto que me haya graduado. También me acompañó un amigo que hice en el bar. De mi familia todos podían venir, el problema es que yo no ganaba suficiente para mandarlos traer. Aparte, donde yo vivía era un cuarto de madera y solo tenía un refrigerador para guardar cerveza y alimentos como jamón, mayonesa, yogures, salchichas, leche, cereales, es decir, pura comida que no ocupaba cocinar. La fiesta estuvo muy bonita. Todos andábamos con traje, y uno que otro andaba como "pingüino", con su traje de frente blanco.

Con el evento de graduación pasó mi etapa de preparatoriano. Después ya fue muy poco lo que pude ver a mis amigos. De cuando en cuando aparece alguno de los que nos juntábamos en la bola y preguntamos por los demás, pero no pasa de ahí.

Esa época queda atrás con un paso muy importante para "prepararme" y continuar con mis estudios. Alexandra seguía creciendo y ya empezaba a preguntar cosas sobre las que Silvia y yo, a nuestra vez, nos preguntábamos como había que responder. Por supuesto David no aparecía en sus vidas. Es importante mencionar que las primeras navidades, creo que entre tres y cinco, después del nacimiento de Alexandra él todavía las visitaba. Había hecho un compromiso con Marcela de adoptarla y de cierta manera cumplía con su parte. Así lo hizo por un tiempo, después dejó de visitarlas y a la fecha no sé dónde pare. En verdad, un señorón ejemplar.

INICIO MIS TRÁMITES PARA INGRESAR A LA UNIVERSIDAD Y LA ALEXANDRA SIGUE CRECIENDO

Cuando inicié los trámites para entrar a la universidad, me enfrenté con otro reto. Al igual que con mis trámites para la preparatoria, también me dijeron que no podría entrar a la universidad que yo había elegido, la del estado. Otra vez fue batallar con los comentarios negativos que, en contraposición, solo lograban hacer que más ganas le echara yo al examen y a todos los pasos que implican ingresar a la universidad.

Al tema de la escuela le sumamos que Alexandra ya no paraba de hablar (tenía dos años y medio en el verano de 1993), y que la familia de Silvia no me quería en sus vidas. Con todo aquello era muy arduo ordenar mis pensamientos.

El día que Silvia y yo hablamos de cómo íbamos a manejar el tema del padre de la niña, se complicaron un poco las cosas, ya que yo añoraba ser llamado papá. De manera prudente, me pidió como gran favor que la apoyara con que mi propia hija no me dijera papá; acepté, a mi pesar, la petición de Silvia. Su justificación mayor era que si la niña me decía papá me iban a correr, y a ella su mamá no le iba a apoyar de manera económica; yo apenas ingresaría a la universidad y me faltaba mucho para lograr hacer algo en la vida. Yo también intenté algo de mi parte: le propuse que nos fuéramos al rancho, que allá como quiera nos acomodábamos con mi Apá y mi Amá y que la vida era más fácil. Pero Silvia me decía que su papá les había dejado una herencia y que no quería renunciar a ella. En suma, tuvo razón, ya que la casa donde vivía era propia y del motel donde yo trabajaba le correspondía una parte; al final, su mamá se lo donó como parte de su herencia.

Acepté que mi hija no me dijera papá, pero me aseguré de estar cerca de ella. Con la mamá de Silvia como que de cierta forma había una tregua no hablada conmigo. Este era el trato: yo le trabajaba de doce a catorce horas diarias, a veces más, y a cambio me dejaban ver a mi hija. Acepté el trato, para mí razonable, ya que mi idea era ver lo más posible a mi hija; solo que doña Rosa de pronto se encelaba conmigo y me aislaba de verlas.

Con todas estas cosas, seguí con mi proceso para entrar a la universidad. Pasé el examen y me sentía feliz porque ya con entrar al siguiente nivel de estudio, si todo marchaba bien, en cinco años me graduaría. Esto representaba para mí que en un futuro, cuando Alexandra creciera yo sería alguien en la vida, y no solo un lavacoches o administrador de cuartos de motel. Con una carrera profesional pensaba que podía ser igual que alguno de los amigos de Roberto que iban al bar: gente que llegaba y gastaba en un par de horas lo que yo ganaba al mes. Me emocionaba la idea de ser alguien y de que mi hija, cuando creciera, se sintiera orgullosa de mí. Se trataba de poder llevarla a Disneyland, a comer hamburguesas a Chulavista… apenas estaba por entrar a la universidad y ya me veía viviendo de mi carrera. Puros sueños de juventud que por fortuna se habrían de cumplir.

ENTRO A LA UNIVERSIDAD
Y EMPIEZO A FORMARME

Entre todos los detalles y retos por vencer, entré a la universidad a cursar la carrera de Contador Público. En la preparatoria había tomado la especialidad de Contaduría y me había gustado. Cuenta aparte, yo mismo me convencía de que si escogía Medicina, otra carrera que me gustaba mucho, no tendría tiempo de trabajar y pagarme la escuela. Hice mi investigación y en la universidad los horarios de Medicina eran quebrados, imposibles para mí, ya que seguía dependiendo de mi trabajo. Por fin entré a la carrera de Contador Público y continué trabajando.

Los primeros semestres fueron muy difíciles, ya que traía la adrenalina del bar y se me complicaba darle cumplimiento a las tareas. En la preparatoria no había tenido tantos problemas debido a que la carrera técnica que había estudiado en Guasave me había servido de base y las materias no me habían resultado difíciles. Pero la universidad presentaba otro nivel de exigencia; los maestros eran muy rigurosos y había que cumplir en todo. Me tuve que alinear y para cuarto semestre ya era un estudiante formal.

En la parte de atrás de la universidad había terrenos baldíos; donde está ahora el Centro de Alto Rendimiento no había nada, así es que desde el miércoles nos íbamos para allá. Algunos estudiantes se apersonaban ahí desde el lunes a convivir. Llevábamos cerveza, botanas, poníamos música y la pasábamos muy bien. Había mucha plática, se compartían muchos sueños, muchas fantasías. Había mucha amistad.

REPARTIDOR DE PIZZAS

Durante un tiempo, la mamá de Silvia decidió vivir con ella; de esa manera evitaba que yo entrara a ver a la niña. La idea que tenía la familia es que si me alejaban de Alexandra se me podía olvidar y ya no pedir verla; por el contrario, cuanto más la alejaban de mí, más ganas me daban de verla. Marcela ya tendría como siete años, así es que me ponía de acuerdo con ella y le decía: "¿Tienes ganas de comer pizza?". Rápido me decía que sí y le exponía mi plan: "Yo ocupo, necesito ver a Ale, así que voy a ir a comprar una pizza, luego voy a tocar el portón y si pregunta tu abuela quién es, le dices que tu mamá les mandó pizza, ¿sale?". Marcela fue muy buena aliada; cuando llegaba a la casa con la pizza, el acuerdo era que saliera también mi hija. Cuando me abrían la puerta, doña Rosa desde su cuarto preguntaba quién tocaba y le respondían lo acordado, que era el repartidor de pizzas. Salían las dos y me abrazaban muy fuerte, con mucho cariño. A mí se me salían las lágrimas, ya que cuando tardaba más de una semana sin ver a Ale me empezaba a deprimir. Era y sigue siendo un motorcito en mi vida que me ha ayudado a salir adelante. Es una gran motivación para mí el que ella me vea con orgullo, como un papá que nunca la ha dejado de atender ni por un día. Siempre estoy al pendiente de dónde anda, pero también necesito estarla viendo. Si no la veo por unos días, me pongo a idear la manera de verla, y algo se me acaba ocurriendo para conseguirlo.

LOS CUMPLEAÑOS DE MI HIJA

De los primeros cinco años de Alexandra creo que el mejor cumpleaños que pasé con ella fue en su primer aniversario. Ese primer año lo festejamos en el cuarto número 20 del motel. Esa habitación la tenía Roberto. En ese festejo solo éramos Silvia, Marcela, Roberto, quien convivió un rato, Ale y yo. Para festejar le compré un vestido de terciopelo rojo muy bonito, un moño blanco de listón y zapatos del mismo color. Parecía una princesa mi hija, muy bonita. Yo me vestí con un saco y una corbata que un cliente había dejado en un cuarto; después de que pasó un par de meses y que no reclamaron la ropa la tomé para mí, y con el cuerpo de limosnero que tenía todo me quedaba. Silvia llevaba un vestido azul marino; Roberto, su tejana y botas vaqueras; y Marcela, un vestido de flores de primavera, muy bonito también.

Después de las tres de la tarde hicimos el festejo. Nos tomamos fotografías y comimos el pastel que llevé, pequeño y con una vela con el número uno. Las fotos aún las conservo en estado perfecto, pero lo que mejor guardo, hasta con los más mínimos detalles, son los recuerdos de esa hermosa ocasión. Estoy escribiendo y se me enchina la piel de recordar tantos bellos momentos. Ese fue el cumpleaños perfecto para mí. Los demás festejos ya no fueron igual; ya les contaré las razones.

SILVIA EMPIEZA A CONOCER
OTRAS PERSONAS

Por la presión de su mamá y de su familia, Silvia se relacionó con amigos con los que salía a comer y a cenar. Para mí era la muerte. Verla arreglarse para salir a convivir con otras personas, ninguna de las cuales era yo, se presentaba como algo imposible. Después de tres años de estar con ella solo, sin que nadie se interpusiera y ya con una niña de por medio, verla salir con otras personas para mí era muy doloroso. El primero con el que estuvo saliendo a comer fue Óscar, un contador que llegaba por ella al motel en un Jeep del año color negro con llantas calludas y la llanta extra en la parte de atrás. Un Jeep levantado, muy bonito. A esa edad yo solo andaba en taxi y en los carros de Roberto. Sentía mucha rabia pero me tenía que aguantar, ya que si me portaba mal me podían correr y seguro ya no podría ver a mi hija tan seguido como la veía. Después vino a su vida Walter, un señor que aparte de que no me caía bien la enseñó a fumar. Para mí era insólito ver fumar a Silvia. Cuando iba al bar no aguantaba porque apestaba mucho a cigarro, y ahora con este amigo se la llevaba fumando y tomando whisky. Era de no creerse. Luego apareció en escena René, un amigo que había conocido cuando era muchacha. Era bien parecido; de ese me encelé mucho más que los anteriores, aparte de que era un baquetón de marca. René me caía bien, lo único que no me gustó fue cuando trató de ganarse a Alexandra. Quiso hacerla de papá y pues lógico me encolericé; a toda costa busqué que la niña no se encariñara con él y lo logré. De cierta manera trabajar en el motel me daba una ventaja competitiva sobre los demás, ya que si bien Silvia ya no quería saber nada de mí, a Alexandra le encantaba verme. Yo aprovechaba entonces y cada vez que podía le llevaba regalos. Si a diario hallaba algún moño o juguete se los llevaba. Enfrente del motel había una tienda de regalos que se llamaba artefactos La Mesa, donde vendían desde baratos globos con helio hasta muñecas costosas. Teniendo dinero en la bolsa aquello para mí era nada caro; era mi princesa y la amo igual que a sus hermanas y hermano. Antes de contar sobre los últimos amigos de Silvia, voy a contar de otro, de nombre César. Este señor visitaba a Silvia de día y se quedaba platicando con ella y doña Rosa en la recepción del motel. Yo iba y venía a los cuartos como león enjaulado. Verlos reír para mí era angustioso. En una ocasión este señor me quiso dar una orden, a lo cual tajante le respondí que no era su empleado. Se quejó con doña Rosa y le preguntó que por qué yo me portaba de esa manera. Doña Rosa le dijo que yo era de rancho y que era muy bronco, que no me hiciera caso. Cuando este señor salió del motel se despidió de Silvia de beso en la mejilla, algo normal entre dos personas que se tienen afecto, pero para mí constituía una gran ofensa. Nadie quiere ver ese tipo de escenas cuando tienes una hija con alguien y sabes que esa persona que tiene la hija contigo puede sentir aún algo por ti. Aunque esta frase pueda antojarse un juego de palabras, les aseguro que se trata de una gran verdad.

LLEGA LUIS CASTRO: ¡AH, QUÉ PESADILLA!

Con todo y que continuaba viviendo en calidad de estudiante universitario, debía también manejar mis emociones en el lado familiar. Un descuido y me echaban del trabajo, ¿y ahora qué haría? Había que manejar todo a la perfección, sin margen de error; un despido y me quitaban el privilegio de ver a mi hija. Pero mi buena conducta y buenas calificaciones formaban parte de mis hábitos y continué ajustándome a las reglas. Para mí era indispensable contar con el amor de mi hija, así es que a seguirle con el trabajo.

Para 1995, después de hacerla de repartidor de pizzas y averiguármelas de una y mil maneras para encontrarme con mi hija, apareció en la vida de Silvia un tal Luis Castro. No sé de qué manera se involucró amistosamente con Silvia, al grado que consiguió desplazarme en su afecto. Para mi hija yo entonces no era más que Juan, no su papá. Alexandra ya estaba en kínder y en su último año concursó para reina de la primavera, ganando para orgullo de nosotros. Por supuesto que asistí al evento sin pedir permiso ni decir agua va a Silvia. Me presenté a tomar fotografías y a cumplir con todos los detalles de un padre responsable y alegre por el logro de su hija, muy contento y todo. Ese día fue cuando Silvia empezó a tener problemas con Luis, ya que se encelaba por saber que yo estaba en la celebración de Ale. Este y muchos otros problemas los tuvo Silvia, yo no, porque ella no encontraba contestaciones a las preguntas que le hacía sobre por qué Juan Carlos, el empleado del motel, tenía que aparecer en todos los eventos de Alexandra.

Silvia había tenido que vender su casa del fraccionamiento El Paraíso para ayudar a su mamá a solventar unos problemas financieros del motel. Con ello lograron salvar una hipoteca y buscaron cambiar de lugar para vivir. En ese entonces Silvia y las niñas vivían por la avenida Las Palmas, y yo por la colonia Sánchez Taboada, allá por Las Brisas para arriba, en la colonia Camino Verde, muy popular, donde hice muy buenos amigos. (Hablo de gente que de corazón te da un plato de frijoles, que sin reserva te entrega su amistad y te ayuda en lo que puede; nunca reclama ni refiere el favor que alguna vez te hizo. En esa colonia me sentía literalmente en el rancho, entre gente de corazón con una gran empatía conmigo. Tan en el campo me sentía, que no teníamos drenaje ni pavimento en las calles. Era una colonia netamente popular, pero la historia que llevo ahora es otra.)

Una vez que estaba yo en la casa de la colonia Sánchez Taboada, Silvia me llamó, muy desesperada, para comentarme que el tal Luis, embriagado, había ido a su domicilio a amenazarla de que las golpearía a ella y a las niñas si no me pedía que yo dejara de verlas. De ese tamaño eran los celos que Luis le cobraba a Silvia.

Inmediatamente abordé mi automóvil y me dirigí a avenida Las Palmas. Mientras aparcaba, advertí que Luis estaba gritándoles y diciéndoles de todo. Silvia estaba asustada, doña Rosa, que acompañaba a Silvia, lucía más serena, sin sentir o aparentar miedo por el arranque de este energúmeno, pero naturalmente le preocupaba que pudiera entrar y les hiciera daño a las niñas. Luis estaba apostado en la banqueta haciendo sus rabietas; había aventado botes de cerveza a la casa diciendo una y mil groserías. Cuando llegué, el tipo inmediatamente se dio cuenta y quiso darse a la fuga; se subió al carro, pero antes de que lo pusiera en marcha me acerqué y le quité las llaves. Conmigo iban mi cuñado Memo y Ramiro, esposo de mi sobrina Adriana, así que entre los tres lo bajamos del vehículo y lo metimos a la casa, donde lo sometimos y amarramos. Después llegó la policía y se armó el mitote, pues tuvimos que declarar la razón por la que lo manteníamos amarrado. Afortunadamente había mucha evidencia del desorden que había hecho y rápido lo encerraron. Luego de ese evento esta persona ya no volvió a la vida de Silvia. Intentó volver a acercarse pero ya no le dieron entrada. Hasta ahí llegó Luis el Chueco.

AHORA LLEGA LUIS A (ES OTRO LUIS)

Con la llegada de Luis A la poca relación que había con Silvia decayó un poco más. Este señor, recién llegado de Los Ángeles, California, había trabajado toda su vida de cocinero y ya de edad adulta, con una vida desahogada y próspera, en muy poco tiempo trabó amistad con Silvia. Vestía bien, tenía personalidad y era muy atento. Con la incursión de Luis A en la vida de Silvia aprendí mucho. Manejar las emociones fue algo muy duro, aún era muy joven, pero igual tenía que aprender.

Cuando se iban a la casa de la playa a pagar los recibos de agua y electricidad donde había iniciado el romance con Silvia, me enojaba bastante. Luis nunca supo que yo era el papá de la Alexandra, por eso mis enojos ni los tomaba en cuenta. Conforme pasaba el tiempo él se arraigaba más con la familia. Roberto, que era el único que me estimaba, se había hallado muy bien con él. Ahora todo giraba en torno a Luis A, el pocho que venía de Los Ángeles.

En una de las tantas veces que le hice mandados a Luis A por órdenes de Silvia o doña Rosa, una ocasión me mandó a que le llevara a cortar un pantalón con el sastre para ir a una fiesta con Silvia. Esa vez ya no aguanté tanto; desde luego llevé a arreglar el pantalón, pero cuando fui por él se lo entregué a Silvia: "Ahí está el pantalón, llévaselo tú", y se lo aventé a un sillón. Ella me dijo: "¿Qué te pasa? ¿Por qué me haces esto? ¿Quién te crees que eres?". "Pues nadie —le dije—, pero ya no aguanto que me traigas de sirviente de tus novios", y me salí de su casa súper enojado.

Cuando llegué al motel me puse a trabajar. Silvia le llevó el pantalón a Luis A y todo siguió normal.

1996, ME SEPARO DEL MOTEL Y ME PONGO A TRABAJAR POR MI CUENTA

En el verano de 1996, casi por entrar al sexto semestre de la carrera de Contador Público, le rentamos a un profesor de la escuela un espacio para oficina allá por los juzgados federales, atrás del Centro Cultural Tijuana, para realizar trámites y otros trabajos que no requirieran conocimientos técnicos especializados. Nos juntamos cuatro compañeros: Víctor, Ramón, Oralia y un servidor. El primer día que fuimos a ver la oficina desertó el primero. Ramón empezó a tasar el comportamiento de cada uno de nosotros y, de plano, de las escaleras del edificio se regresó a la calle y renunció antes de comenzar. Argumentaba que no teníamos la seriedad ni la edad debida para emprender ese proyecto. Como quiera quedamos tres: Víctor ya tenía algo de experiencia en contabilidades; Oralia tenía el dinero, de hecho, era la financiera; y yo cargaba con un costal de ilusiones, proyectando cómo íbamos a estar creciendo. Y yo cargaba, como siempre, con un costal lleno de ilusiones.

Para iniciar a habilitar el espacio, compramos un par de escritorios de segunda en el centro de Tijuana. Los llevamos a la casa de Víctor y ahí les procuramos una remozada. A uno de ellos le dimos una mano con pintura color plomo; la pintura apestaba tanto a petróleo, que tuvimos que esperar como una semana para que el mueble se secara y dejara de oler tanto. Oralia compró la primera computadora para nuestra oficina. La verdad nos sentíamos realizados de tener el dichoso aparato, con ganas de ponerlo en un pedestal para que nuestros próximos clientes supieran que estábamos a tono con la tecnología y la innovación. En aquel tiempo la red era tan lenta que no podíamos hacer casi nada de utilidad, pero ya estábamos conectados con el mundo cibernético. También adquirimos el primer paquete de contabilidad y nos pusimos a chambear.

Víctor siempre me apoyó en el tema de tratar de conseguir clientes. De hecho, él llevó las primeras cuentas del despacho; ya tenía conocidos donde había sido contador interno y, por ayudarlo, los clientes le pasaron las contabilidades. Así hicimos nuestros pininos en el negocio de la contabilidad y empezaron, como buen precio que nos imponía el progreso, las primeras dificultades.

En el caso de Oralia no había pendiente: su papá tenía negocios de alfombras y por dinero no se preocupaba. Con Víctor y conmigo la cosa era diferente. Víctor sostenía parte de los gastos de su casa y yo debía aportar a la manutención de Alexandra. Los pocos ahorros con los que contaba se agotaron y surgieron las diferencias. Víctor optó por irse de contador interno con un cliente que él había llevado y para mí la vida comenzó a complicarse. Haberme salido del motel me había obligado a rentar un cuarto en la colonia 20 de Noviembre; tenía que hacer malabares para pagar la renta, y la comida, pues ni se diga.

Como quiera que sea, nunca dejé la oficina. La misma necesidad hizo que buscara trabajos por recomendaciones. El hecho de ser servicial y con un espíritu de servicio elevado consiguió que se me abrieran las puertas. Un cliente me recomendó con otro y así, sucesivamente, se fueron dando las cosas buenas, las que a la fecha disfruto y mucho agradezco.

Como datos interesantes de esta primera etapa puedo decirles que me enfadó totalmente el atún de lata de tanto que lo comía. Era la comida más barata, que acompañaba con pan de barra pero sin mayonesa; no alcanzaba para tanto. Pero igual sobreviví esta etapa, sin aspavientos, sin congoja ni mucho menos autocompasión. Estaba en el camino que yo había escogido y que solo debía transitar, sin descanso ni queja, para alcanzar las metas que me había propuesto.

ALEXANDRA Y SU MAMÁ SE VAN A VIVIR A ESTADOS UNIDOS

La relación con Alexandra siguió también su curso dramático. En 1998, ella y su mamá se fueron a vivir a Estados Unidos y bastante se complicaba poder verla tan seguido como cuando estaba en Tijuana. De por sí, cuando me salí del motel poder verla ya era un caos; tenía que hacerla de repartidor de pizzas; me le aparecía en el motel como cliente; Silvia de vez en cuando accedía a llevármela, etcétera. Reconozco que aceptaba llevármela todas las semanas, solo que tenía un don para cambiar de planes: casi de cada tres veces que acordábamos que la viera en algún parque o lugar de comidas, me cancelaba dos veces. Qué coraje me daba, pero no podía decirle nada, porque si me ponía rebelde pues más tiempo me castigaba sin dejarme ver a mi hija. Cada vez que cancelaba, me retumbaba una frase que tenía la mamá de Silvia: "Recuerda que tengo la sartén por el mango". Esto es, que podía hacer lo que quisiera con la Ale, ya que no tenía mi apellido, ni lo tiene ahora, veintisiete años después, y es ciudadana americana con el apellido que le dio David Wyman; así es que no podía protestar paternidad, además de hallarme sin recursos para apelar a algún modo legal para que me permitieran verla. Tenía que resignarme a convivir con ella a como se pudiera y tragarme todos los corajes que me hacía pasar Silvia con sus cambios de planes.

EN 1998 ME GRADÚO DE CONTADOR

El año 1998 fue clave en mi desarrollo profesional. Culminé mis estudios profesionales, ya con dos años de haber iniciado el despacho y sufrido mucha hambre. Vislumbraba un futuro mejor; de hecho, siempre decía que me iría mejor, y nunca he pensado diferente.

Tenía una cartera de clientes consolidada, me había cambiado de oficina y ya comía de forma regular; ya me alcanzaba para comer tacos, sushi y alimentos ordinarios que muchos comían. Antes de terminar la carrera me había hecho de un terreno por la colonia Sánchez Taboada con una casa vieja. Era un buen terreno, de quinientos dos metros cuadrados, cuya mitad le vendí a mi cuñado Guillermo, esposo de mi hermana Eréndida, para poder yo sacar la carrera, justo cuando me hallaba a en la parte media de ella.

A la fiesta de graduación tampoco pude traer a mi Amá y mi Apá. La fiesta fue en el Campestre. Fue una fiesta muy elegante, a la que con esfuerzo invité a ocho personas: unos amigos que había conocido en el edificio donde tenía la oficina, mi hermana Eréndida y su esposo, una muchacha con la que salía y no recuerdo quién más.

La oficina a donde me había cambiado estaba en el edificio Rocasa, a un lado de la clínica 7 del Instituto Mexicano del Seguro Social. Compartía espacio con la contadora Martha, esposa de don Jorge, ambos grandes personas que en un inicio fueron parte fundamental de mi crecimiento profesional. Ellos tienen una hija de nombre Dalia, a quien conocí en la universidad e hice química con ella para el trabajo; era muy buena para relacionarse con los clientes y su inglés era perfecto.

Don Jorge tenía una fábrica donde pulían rines para clientes de Estados Unidos. Recién salido de la universidad, yo no tenía la menor idea sobre el tratamiento contable y fiscal de una empresa maquiladora, pero acepté el trabajo con muchas ganas. Para mí representaba el cliente más grande de la oficina; mis habilidades de lectura y comprensión de temas afines a mi carrera me han ayudado mucho. Afronté esa chamba y me fue muy bien. La empresa tuvo revisiones fiscales por parte de Hacienda y nunca se suscitaron problemas. Como siempre, con la bendición de Dios de por medio salía adelante.

La señora Martha me daba muchos consejos. Yo quería una novia que me quisiera, con la que pudiera salir y a la que yo también quisiera. La relación con Silvia había tronado. Cada vez se me dificultaba más ver a Alexandra; estaba a expensas de que Silvia estuviera de humor. Con el traslado a Estados Unidos no podía hacer como que les llevaba pizza o inventar algún pretexto para llegar a su casa a verlas. Aun así la seguía viendo. Haber sido siempre terco a la hora de buscarla y estar al pendiente de ella, me ha dado muchas satisfacciones al día de hoy, ya que después de los dieciocho años Alexandra me ha buscado y me quiere con toda su alma, al igual que mis otras dos hijas, Diana y Karla, y Diego, mi hijo varón.

La señora Martha tenía una sobrina muy bonita y que a mí me parecía muy elegante. Le pedía que me la saludara, pero ella tenía un novio desde hace mucho tiempo y como que no me ponía gran atención. Salí a comer con ella un par de veces, solo que ella estaba demasiado guapa y yo andaba con los pelos parados y con la misma ropa de siempre. Siendo sincero, como que no le resultaba muy atractivo salir conmigo a comer; de hecho, unos amigos me decían "El León" porque siempre andaba con las mismas garras. La muchacha estaba de verdad bonita, pero no había mucha chispa entre ella y yo. Además, venía de familia acomodada y yo, apenas haciendo pininos en el despacho, no era un candidato muy fuerte para ella. Así cerré 1998, trabajando y haciendo mi lucha en tener una relación formal que me ayudara a mitigar la separación emocional de Silvia.

Estar solo tantos años en Tijuana, desde los dieciocho años, y haberme abierto brecha para salir adelante por mi cuenta, con sus dificultades pero también con tantas libertades, empezaba a rendir sus frutos. Ya con la carrera terminada, el despacho poco a poco fue dándome satisfacciones. Con Alexandra creciendo y formándose con una educación en la que yo no participaba, sentí la necesidad de tratar formalmente a alguien. Con la sobrina de la señora Martha no le veía mucho futuro; de repente me saludaba muy bien y de repente como que no me hacía en el mundo. Era un tema raro, según yo lo veía, pues esta muchacha, muy guapa ella, cuando andaba de buenas era súper agradable, pero a veces ni siquiera saludaba. Recordaba la indiferencia que había sentido cuando estuve prendado en Guasave de aquella chica que nunca me consideró para figurar de pretendiente suyo, y naturalmente deseé conocer a otras muchachas.

CONOZCO A LILIANA CARRILLO

Un 23 de marzo de 1999, y consigno con letras de oro la fecha exacta, un cliente y amigo de la oficina, Ignacio Martínez, Nacho, de la empresa Eco Urbe, con quien había hecho amistad desde que cursaba octavo semestre en la carrera, me invitó a una carne asada a su casa. Era allá por Otay, rumbo al Tecnológico que está a la salida a Tecate. Antes de ir a la carne asada pasé por la universidad para acompañar a mi amigo Marino en su graduación. Permanecí un rato con él y de ahí me fui con Nacho. Ese día yo iba vestido con pantalones Levi's, calzaba botas y llevaba una sudadera azul marino con el logotipo de la universidad. Con mis sesenta y cinco kilos de peso y lleno de energía, me dirigí a la casa de Nacho.

Cuando llegué me di cuenta de que no solo era una carne asada familiar. Nacho estudiaba una especialidad en impacto ambiental y lo acompañaban todos sus compañeros de la escuela. Había como unas veinte personas, entre ellas, Lucio Tirado (qepd), a quien ya conocía porque él era compañero de trabajo de Nacho. Siempre he sido algo tímido, así que en cuanto vi a Lucio y a su esposa Rosario me acomodé a platicar con ellos; no me les despegué un buen rato. Al poco rato salió la carne y las mujeres estaban en la cocina preparando la salsa, calentando las tortillas, limpiando rábanos, cortando la cebollita cambray, los chiles jalapeños para asar y todo lo necesario para una carne asada en forma.

La convivencia era en el patio de la casa, con el asador como centro y pretexto. Era una fiesta donde reinaba el compañerismo, todo era armonía y de pronto me sentí un poco incómodo. Mi amigo me había invitado porque en las pláticas siempre le decía que yo no tenía muchos amigos, ni a dónde ir. Estar solo pues no cuadraba en las familias y yo llevaba años viviendo solo. Les estaba platicando a Lucio y a Rosario que ya me quería ir. Lucio me decía: "Mira, Sehualco, come primero y te vas. Ya estás aquí, espérate un rato para que te vayas comido". (Me decía así debido a que en alguna temporada de Halloween vimos unas calabazas a las que en el rancho, según le comenté a Lucio, llamamos sehualcas; a Lucio aquello le produjo humor y desde entonces me apodó de esa forma.) Estábamos en esa plática cuando salieron las mujeres de la cocina con las charolas colmadas de recipientes con salsas, tortilleros, etcétera, para iniciar la comida, y de pronto miré a una muchacha con pantalones y chaleco Levi's, botas vaqueras, pelo corto y con un caminar tan especial que me secuestró de inmediato la mirada. Mi cabeza comenzó a dar vueltas. Nada tonto, me acomodé de nuevo en la mesa cerca de Lucio y me quedé a comer. Al poco rato procedí a preguntarle: "Oye, Lucio, ¿quién es esa muchacha?, ¿cómo se llama?, ¿está casada?, ¿tiene novio?, ¿dónde vive?". Lo saturé literalmente de preguntas hasta que me dijo: "¡Cómo chingas, Sehualco! Ya te gustó, ¿verdad, cabrón?". Yo asentí. Luego me dijo: "Pues ahorita te la presento, pero te aclaro que es buena muchacha, no vayas a andar con tus cosas; ella es de buena familia y tú eres un lépero; estás más correteado que la liebre del hipódromo". Riéndome de buena gana, le dije: "¿Me la vas a presentar o no?". "Ándale, pues —dijo—, en cuanto venga para acá te la presento".

El hecho de que todos hubiéramos empezado a comer no daba pie a que la muchacha de pelo corto se acercara para serme presentada. Ahí estaba yo, viendo cómo entraba y salía de la cocina. En ese lapso cuando todos comíamos, le saqué más información a Lucio. Era bióloga, compañera de ellos en la escuela, por cierto, la única mujer. Cada vez que salía de la cocina, yo la seguía con la mirada, esperando captar su atención, pero no logré que me volteara a ver. Así pasó toda la tarde —muy lejos había quedado aquella tentativa de retirarme de la reunión—, hasta que ya un poco más relajados, la muchacha se acercó con Lucio a comentarle algo a él y a Rosario su esposa. Estaba casi por irse de nuevo a la cocina sin serme presentada, cuando por debajo de la mesa le propiné una patada a Lucio con mis botas picudas. Nomás lo escuché pujar de dolor, antes de decirle a Liliana: "Te presento a Juan Carlos, contador y amigo de Nacho y mío". La muchacha me tendió la mano, dijo "Mucho gusto", pero se dedicó a platicar con Rosario. Aunque creo que esa vez ni me volteó a ver a los ojos, para mí era el primer paso.

A resultas de esta primera vez en que conocí a Liliana y en la que no me tomó en cuenta para nada, cada vez que puedo le canto la pieza que hizo famosa Pedro Infante, "Cien años": "Pasaste a mi lado, con gran indiferencia, tus ojos ni siquiera voltearon hacia mí, te vi sin que me vieras, te hablé sin que me oyeras, y toda mi ternura se ahogó dentro de mí...".

Haberla saludado fue para mí un motivo de agrado enorme. Ese día fue maravilloso. Me fui a casa bien contento, haciendo planes de y para todo. Ese fin de semana me la pasé a todo dar, como se suele decir. Le conté a mi hermana lo que había pasado y me dijo: "A ver si ahora agarras talento, ya déjate de andar de arriba para abajo, búscate a alguien con quien vayas al cine y todo eso". Yo me sentía muy contento, todo era risa; estaba bien motivado por haber conocido a Liliana.

Nacho era presidente de Movimiento Ecologista de Baja California, Mebac, una organización no gubernamental cuya actividad principal era la conservación de la flora y fauna de aquella zona. Allá por la tercera etapa del río se había conseguido un terreno para construir un vivero y preparar composta o tierra de jardín; buscaba producir plantas y árboles de la región para trasplantarlos en zonas áridas de la ciudad. Esta organización, muy fuerte entonces —desconozco cuál es su impacto actual en la sociedad—, estaba patrocinada por el gobierno, pero los recursos no eran suficientes. En la primera etapa, tener producto que se pudiera vender era un proceso lento; mientras las plantas crecían y estaban en condiciones de ser trasplantadas, había que buscar la manera de subsidiar los gastos operativos que incluían un cuidador. Lucio era el encargado de que todo funcionara bien, pero en cierto momento me pidió que ocupara la tesorería para aligerar un tanto su carga.

Así, las tareas que me correspondían como tesorero trataba de cumplirlas lo mejor posible. Nacho y Lucio eran buenos y generosos conmigo, por lo que siempre trataba de corresponderles con acciones. Con razón se dice: "Obras son amores". Participaba en juntas de gobierno con ellos, por ejemplo. Gracias a esta organización conocí presidentes municipales, funcionarios públicos y personas importantes del medio que se preocupaban por la ecología.

Al mes y fracción de haber conocido a Liliana, hubo una conferencia internacional llamada Frontera 21 en el hotel Camino Real, donde participaban organismos de Canadá, Estados Unidos y México. Desde que supe que la generación de biólogos donde había estudiado Liliana iba a asistir, se me revolvió el estómago. Luego pensé: "Si no logro platicar con ella en el evento, ya después va a estar bien canijo". Así es que fui con Lucio para informarle que iríamos juntos a la conferencia. Con cierto asombro preguntó: "¿Y tú a dónde vas, quién te invitó, Sehualco?", le recordé que fungía como tesorero de Mebac y que necesitaba ir a ver cómo bajar recursos para la asociación. Me dijo: "Ya sé a lo que vas, cabrón, ya te enteraste que va ir la Lily, ese es todo tu interés". Acepté que así era y solo soltó la risa. Qué buen amigo fue siempre Lucio; lamento de todo corazón que Dios se lo haya llevado, pero contra sus designios no hay vuelta de hoja.

La conferencia duró tres días. El primero me la pasé ubicando dónde estaba Liliana. A la hora de romper el hielo, le dije a Lucio: "Vente para acá, de este lado está Liliana". Acomodando todas las fichas, logré que Liliana cruzara por donde nos habíamos sentado, justo por donde se tenía que pasar para ir al baño, y ¿qué persona no va al baño? Todo fue cuestión de esperar unos minutos. Cuando venía Liliana, le pedí a Lucio que estuviera alerta. Y en efecto, Liliana se paró a saludar a Lucio y éste le preguntó si se acordaba de mí. Ella contestó: "¡Ah!, es el hermano de Nacho". Era lógico; no me había visto bien, ni había preguntado quién era. Le aclaré que no era hermano de Nacho, sino su contador, y que los ayudaba a él y a Lucio en Mebac como su tesorero. Cuando me preguntó qué hacía, advertí que me había dado ya entrada. Le expliqué rápidamente mis funciones y en determinado momento se encaminó al baño. Lucio me miró y me dijo: "Ya te dije que es de buena familia, no vayas a andar con tus chingaderas, no juegues con ella, cabrón". Volteé a verlo y le dije: "Sí me gustó, solo déjame platicar con ella, no es nada malo". Lucio me previno: "Pues ahí te la encargo, Sehualco, no le vayas a hacer daño".

De regreso del baño, Liliana se quedó con nosotros; ya no regresó a la mesa de sus amigos biólogos. Cuando se terminó de romper el hielo, ya había generado confianza en ella. Me comentó que se tenía que ir porque los taxis que iban hasta donde ella vivía dejaban de pasar temprano. Le ofrecí llevarla; en ese entonces yo traía un automóvil viejito, pero al menos tenía modo de llevarla.

En ese hotel había una cantina que se llamaba María Bonita, con una barra preciosa tallada a mano. La invité a que conociera el lugar, aceptó y fuimos a conocerlo juntos. Aceptó quedarse a platicar un rato conmigo; nos tomamos un refresco, platicamos de dónde éramos, cómo eran nuestras familias, cómo habíamos terminado nuestras carreras profesionales, etcétera.

De esa plática lo más relevante es que yo traía en mi cartera una fotografía de Alexandra. Se la enseñé y le dije: "Tengo una hija de ocho años pero no vive conmigo, ella está en Estados Unidos con su mamá". Me dijo que era muy bonita y preguntó por qué no estaba conmigo. Me puse sin más a contarle mis tribulaciones; no quería que se cortara la plática, pero al cabo de un rato tuvimos que irnos para llevarla a su casa.

Al día siguiente vestí mi mejor atuendo para asistir de nuevo a las conferencias, aunque la verdad solo iba para ver a Liliana. En el lobby del hotel, en unos sillones bien cómodos donde nos instalamos, ella me tomó la mano para verme un reloj que traía. Le gustó mucho y a mí se me aceleró el corazón de sentir que le había gustado algo mío. En eso llegaron sus compañeros de escuela y la invitaron a subir a un cuarto del hotel y a su vez ella me invitó a la improvisada reunión. En el elevador me tocó ir a un lado de ella; se me quedaba viendo de arriba para abajo. Luego me contó que le había gustado mucho mi perfume, que uso a la fecha por gusto de ambos.

Así terminó la conferencia de tres días y por supuesto conseguí el teléfono de su casa y todo marchaba bien, solo que el sábado por la noche de ese fin de semana falleció la hija de su mejor amiga en Tijuana. Liliana se había ido con sus amigas a Ensenada y se tuvo que regresar el domingo a apoyar en el proceso de duelo. El lunes que le marqué para saludarla me contó lo que había pasado y muy prudente no volví a marcarle hasta el miércoles. Ese día no me contestó, pero ya para el jueves me tomó la llamada y habló conmigo. Me dijo que estaba saliendo de una relación y que no quería ilusionarme porque necesitaba ordenar sus pensamientos. Con lo del fallecimiento de la hija de su mejor amiga, haber salido de la escuela y terminado recientemente un noviazgo, no tenía ganas de andar saliendo ni hablando con nadie. La entendí y no le volví a hablar.

Pasó esa semana y a mitad de la otra me habló para decirme que había estado pensando y que si yo gustaba, podíamos ser amigos. La verdad yo para amigos ya estaba hasta el tope. Yo buscaba una novia que pudiera atender y enamorar. Pero esa propuesta de amigos no me interesó y le di las gracias. Le aclaré que mi intención desde que la conocí era que me diera la oportunidad de pretenderla y si con el tiempo lograba que yo le gustara, pues qué bien, pero si de entrada yo iba con la consigna solo de ser su amigo, ya no tendría la oportunidad de pretenderla. Sobre aviso no hay engaño, pensé yo, si le acepto eso de amistad pues ya estoy fuera de su vida, así es que desde el inicio le manifesté mis intenciones.

Al siguiente lunes me habló con una voz que percibí un tanto desesperada. Me dijo que ya había ordenado sus pensamientos y que sí tenía la intención de conocerme y ver qué podía pasar. Gustosamente acepté y ese mismo día la fui a visitar. Platicamos largo y tendido afuera de su casa. En esos mismos días la llevé a pasear en coche rumbo a la presa de Tijuana. Allá nos estacionamos a la orilla de la carretera y sin querer queriendo la abracé y despacito, pero muy tierno, le di un beso rápido, un beso bandido, de esos que ni chanza dan de quitarse. Se me quedó viendo y dijo: "Me besaste". Yo le dije que nomás poquito. Ella se rio y entonces empezamos a reír los dos; como que ya traíamos química, yo nunca abusando y ella nunca rechazando.

Para el mes de junio ya andábamos a todo lo que da de novios. Salíamos mucho a bailar. Había una discoteca en Pueblo Amigo que se llamaba Rodeo de Medianoche, también estaba una disco de La Ranita. En esos lugares nos la pasábamos a gusto bailando y divirtiéndonos, muy contentos los dos.

FORMALIZO NOVIAZGO CON LILIANA

Así anduvimos todo el verano. Liliana se había acomodado a trabajar en el vivero donde yo ocupaba la tesorería. Por supuesto nadie sabía que éramos novios para que pudiera trabajar ahí sin problema. Ella había terminado la especialidad que estaba estudiando con Nacho y tan pronto salió nos apoyó en el proyecto. Yo aprovechaba y cada vez que podía iba por ella al vivero, o de pretexto le llevaba reposición de caja chica para los gastos y todos los menesteres de la administración. Era muy aplicado en las atenciones hacia ella. Cada vez que veía a Lucio, este me decía: "¿Cómo vas con ella, cabrón? No te pases de lanza nomás, Sehualco, acuérdate que es de buenas familias". Y yo riendo le contestaba: "Pues yo también soy de buenas familias".

Con el despacho más estable cada día, y haciendo buenas relaciones de trabajo, ya estaba más cómodo. Tenía a tres personas trabajando en la oficina y yo me ocupaba tratando de conseguir nuevos clientes y atendiendo a los que ya tenía. Los visitaba y les preguntaba si todo estaba bien; hacía mi chamba buscando que ellos me recomendaran con otros clientes y que ellos se sintieran siempre atendidos. Me buscaban hasta cuando les querían cortar la electricidad y el agua, qué risa me da acordarme de eso, pero ahí andaba yo hablando con los ejecutores de la Comisión Federal de Electricidad abogando por los clientes. Creo que en esa etapa fue donde aprendí a negociar un poco. Era todo un reto hablar con los inspectores, convencerlos de que les dieran oportunidad a los clientes de pagar en dos o tres días más. Para mí era todo un reto. Conseguir finalmente las prerrogativas de tiempo para hacer los pagos era una satisfacción muy grande para mí; conseguir que el cliente sintiera confianza en todo me daba mucha alegría.

Así llevaba las cosas: atendiendo el trabajo, a mi Apá y a mi Amá, mandándoles lo que podía; viendo crecer a Alexandra; con el despacho viento en popa y la formalización del noviazgo con Liliana. Noviaba con ella como si estuviera en la secundaria, lo que solo puedo imaginar, ya que en la secundaria no tuve novias. Estaba muy emocionado.

En verano de 1999, como mencioné, había adquirido un terreno con una casita vieja en la colonia Camino Verde en la delegación Sánchez Taboada. Era un terreno de quinientos dos metros cuadrados todo desnivelado; la casita tenía una cocineta en la entrada, una recámara del lado izquierdo y un cuarto al fondo, en el cual, cuando llovía, poníamos un tabla de triplay encima de nosotros para que no nos cayera el agua encima; el techo estaba todo podrido y se metía el agua por todos lados. Ahí dormíamos Julián, hermano de mi cuñado

Guillermo, Omar, sobrino mío, y yo. Hacíamos un canalito con una pala para que el agua saliera del cuarto. La casa tenía piso de tierra, así es que el agua traspasaba el techo, caía encima del triplay y luego al suelo, de donde derivaba por el canalito hasta afuera del cuarto. Era toda una aventura, ya que la humedad hacía que se enfriara más el cuarto. Cuando llovía estábamos como dentro de un congelador. Para los que no conocen el clima de Tijuana, las lluvias ocurren en invierno cuando hace mucho frío, pero no nos mojábamos con el triplay que poníamos encima de nosotros con una inclinación de unos treinta grados.

Esa casa, que ocupaba la mitad del terreno, mientas cursaba yo la carrera se la vendí a mi cuñado Memo. Con ese dinero me aseguré de terminar la base de mi profesión. En la otra mitad del predio primero instalé una traila o motorhome que me había regalado un amigo. En esa traila le tocó dormir a mi Amá, a Chuy mi hermano y a otros familiares. Al paso del tiempo la vendí y compré bloques o tabiques, varilla, cemento, alambrón, alambre recocido, grava, arena, etcétera. Le hablé a mi hermano Chuy, albañil de oficio, y empezamos a construir. Lucía muy emocionado cuando marcaba las esquinas para hacer el perímetro de la casa. Mi diseño era por demás práctico: dos cuartos, uno para recámara y el otro para cocina, y un baño en el medio. Con todas las ganas del mundo logré levantar dos cuartos y les puse techo de madera con una marquesina de casi un metro, la cual estaba descubierta porque no me había alcanzado para tapar. El caso es que me independicé de mi hermana y mi cuñado, a quienes les había vendido la otra mitad del terreno.

Antes de meterme a vivir, instalé puertas y mandé echar piso de cemento; unos amigos facilitaron el cableado eléctrico; coloqué una taza de baño y un lavabo; donde va la regadera fijé una llave nariz para llenar la cubeta de agua y poder bañarme; compré unas puertas usadas, una alfombra azul rey en el mercado sobre ruedas de la Sánchez. Una señora de enfrente de la casa me regaló un colchón usado que en la esquina tenía la marca de una plancha. Me sentía dichoso de tener una casa propia; me creía millonario y de algún modo lo era.

La primera vez que llevé a Liliana a la casa iba muy nervioso. Ella no vivía en una zona de plusvalía elevada, pero mi colonia desmerecía por mucho ante la suya: solo había pavimento en la calle principal que subía a la subdelegación; para llegar a la casa subía una cuadra después de la parroquia de Guadalupe que está en la mesa; ahí me iba y pasaba por la Y griega donde toma uno para la colonia Emperadores; le seguía y donde está ahora la tienda del carrito de mandado le daba vuelta a la derecha; ahí empezaba la terracería. A mi carro, viejísimo, en el camino donde no había pavimento le sonaba hasta el cigüeñal; de ahí nos metíamos hasta los tacos El Nopal, dábamos vuelta en el kínder de la colonia y subíamos; pasábamos por la tienda La Escondida de don Pedro (qepd) y como a doscientos metros más ahí estaba la casa. Todo ese tramo no teníamos pavimento, aunque la vez que llevé a Liliana el servicio de drenaje y agua ya estaba disponible. Era una colonia súper popular, en la cual quiero decir que hice grandes amigos: Jorge Lora, Martín, la familia de doña Lupe, etcétera. Cuando nos apeamos del carro, Liliana miró para todos lados, ya que la casa ubicada con el número 1984 de la colonia Camino Verde (mi casa, por así decirlo) estaba enclavada en un cañón que no tenía salida. A un lado mi hermana con mi cuñado y mis sobrinos, al fondo, una comunidad de jarochos.

Liliana siempre ha sido muy prudente. Entró al predio, miró y me preguntó si ahí vivía. Le dije sí: "Aquí con mi hermana al lado, ella me asiste y aquí es donde ahorita yo puedo vivir". No hizo ningún gesto de desagrado, pero yo sentía mucha pena. Logré llevarla a casa y no hizo ningún mohín. Para mí fue estupenda su actitud.

TERCERA VEZ DE VISITA A LA CASA, SE EMBARAZA LILIANA

A la tercera vez que Liliana visitó la casa, el estar solos y ya con un noviazgo de cuatro meses, me refiero a septiembre de 1999, no pudimos detenernos. Desenfrenadamente hicimos el amor en el viejo colchón individual, porque era solo el colchón sobre el piso, sin base de madera ni concreto, con la quemadura de una plancha pintada en la esquina. Fue algo tan placentero que ahí vi a Liliana como la mujer de mi vida. Daba gracias a Dios que la hubiera puesto en mi camino; prometí que lucharía por ella contra todos los retos que pudieran presentarse.

Una vez que fui por ella al trabajo, la encontré un poco triste. Le pregunté qué tenía y me dijo que estaba preocupada porque su visita mensual no llegaba; sacamos cuentas y parecía que estaba embarazada. Corriendo fui a una farmacia a comprar una prueba de esas que en aquella época no daban mucha confianza, pero igual queríamos saber algo; se hizo la prueba y el resultado confirmaba que estaba embarazada. Para no quedarnos con la duda fuimos al Hospital General, donde trabajaba Cinthia, una amiga y vecina de Liliana. Con la prueba de sangre ya no hubo dudas: estaba embarazada. Al escuchar esta afirmación mi corazón latió aceleradamente y repetidas veces le pregunté si estaba segura. Cinthia nos decía que sí, que esa prueba no fallaba. Mi mente no hallaba qué pensar, estaba como loco por aquella noticia que poco a poco fuimos asimilando. Iniciaba otra etapa en nuestras vidas.

En esas fechas yo estaba aún con la señora Martha y su familia. Era el contador en la fábrica del esposo de la señora Martha y ofrecieron darla de alta en el Instituto Mexicano del Seguro Social para que ante cualquier contingencia Liliana se pudiera atender ahí. Así lo hicimos y la dimos de alta en la institución.

ME TOCA PLATICAR CON LA MAMÁ Y PAPÁ DE LILIANA, MIS FUTUROS SUEGROS

Ya que sabíamos con certeza que Liliana esperaba un bebé, le pedí que habláramos con su papá y su mamá, a lo que ella me dijo muy centrada y seria de que si yo quería no era necesario, que ella en su caso se encargaría del niño o niña, que por eso no me preocupara. Claro que le dije que sí me interesaba y que mis intenciones eran muy serias; para mí era un honor ir a platicar con su papá y su mamá para participarles que quería hacerle frente al compromiso. Aceptó y fui a platicar con ellos.

El día que llegué a su casa, me recibieron muy amables y me pasaron a la sala. Al inicio el papá de Liliana tomó la palabra; yo la verdad nada más asentía con la cabeza a todos los comentarios de don Javier. Al paso de unos minutos, con la seriedad que ameritaba la ocasión, mi suegra le dijo: "Javier, posiblemente Juan Carlos tiene algo que decir al respecto". Yo nervioso le comenté que no se preocupara, que él podía seguir platicando, pero doña Virginia insistió: "Javier, deja ya platicar a Juan Carlos". En eso don Javier como que entendió el mensaje y le dijo que estaba bien, que él solo quería externar que por el embarazo no me preocupara, que para ellos el niño o niña, si Dios lo permitía, nacería y ellos lo cuidarían. Se quedó callado y ahí va otra vez la señora Virginia a preguntarme si yo quería decir algo.

Eran como las ocho o nueve de la noche, los tenía a los dos de frente; Liliana estaba en su recámara en la parte de arriba de su casa, ajena a la plática. Por fin y después de sacarle la vuelta, tocó mi turno. Desafiante y con la mirada encima de una madre que se siente inquieta por la etapa que está pasando su hija (pues un embarazo no planeado y fuera de matrimonio no es algo que una mamá pueda querer para su hija), me dijo: "Juan Carlos, ¿tienes algo que decir?". Nervioso y con la culpa de que hice o hicimos algo que no fue la mejor manera de hacerlo, es decir, fuera de matrimonio; con la mirada desviada y sin ordenar mucho mis pensamientos, pues no podía, le contesté: "Que se vaya la luz". "¿Cómo? ¿Que se vaya la luz? ¿Esa es tu respuesta?", respondió ella con esta andanada de preguntas. Como sea me acomodé de nuevo en el sillón donde estaba, me armé de valor y volví a la plática un poco más centrado y les dije: "Como ustedes saben, Liliana está embarazada y me quiero casar con ella". A lo que la señora Virginia dijo: "Vas muy rápido, esa no es la plática. Nosotros queremos platicar contigo porque queremos que sepas que de Liliana no te preocupes, según sabemos eres una persona libre con una hija y nunca has tenido responsabilidades propias. Tu hija no vive contigo y no sabemos si en verdad puedes hacer vida con nuestra hija". Ya sobre la plática y con un poco de aire en mis pulmones, le contesté que mis intenciones eran buenas, y que no iba a dejar a Liliana sola con el embarazo, que me quería casar con ella y que lo hacía con todo amor, no por compromiso. Después de mi contestación le hablaron a Liliana. Ella bajó del cuarto donde estaba y su mamá le preguntó: "¿Te quieres casar con Juan Carlos?". Ella contestó que sí. Su mamá fue muy enfática al decirnos que no nos casáramos obligados por el embarazo, que lo pensáramos bien, pero que si queríamos casarnos tampoco nos iban a detener. Mas nos aclaró que mientras no hubiera boda no íbamos a poder vivir juntos, ni andarnos acostando. Con la mirada que nos dedicó mi suegra, aquella condición nos quedó muy clara a Liliana y a mí. Nosotros estábamos seguros de lo que queríamos, así es que no batallamos en decirles que sí, que sí queríamos casarnos.

LA BODA

La siguiente semana empezamos a programar la fecha y todos los preparativos. La fecha de la boda por el civil la pusimos el 8 de enero del año 2000, y la boda por la iglesia para el 15 de abril del mismo año. Por las condiciones económicas solo programamos una boda civil sencilla en la fecha agendada. Nos casamos y de ahí nos fuimos a comer a un restaurante como unas quince personas. Y eso fue todo.

Para la boda por la iglesia fue más protocolo. Primero vimos el salón comunitario de la subdelegación de Las Huertas, donde creo que cobraban doscientos dólares de apoyo o algo así. El detalle es que ya en la plática con los amigos, salieron las ayudas. Uno de ellos me dio para un salón de eventos que se llamaba El Paraíso; ahora en ese lugar están los Autotransportes de Guasave, allá por la colonia Buenavista. Otro amigo me dio para que lleváramos una banda de música sinaloense, La Pava. Otro amigo me dio para cincuenta cajas de cerveza. Y para la comida, mandamos hacer barbacoa con doña Lupe, pensando en doscientos cincuenta invitados.

El día del evento se puso bueno el argüende. En la misa estaba bien nervioso, me temblaban las piernas. La boda religiosa fue en la parroquia de Nuestra Señora de la Asunción, de la estación de gasolina Jauja para arriba como una cuadra. Ahí le había entregado el anillo de compromiso a Liliana, y ahí quisimos que fuera el evento religioso.

La boda fue a las cuatro de la tarde del 15 de abril planeado. Yo llegué a las tres y media, no quería que nada hiciera demorarme o de plano no llegar. Todo nervioso andaba en el estacionamiento de la iglesia, cuando llegó Cinthia, la amiga de Liliana. Me dijo que estuviera tranquilo, que todo iba a salir bien. Solo le dije que sí, pero por dentro no cabía. El corazón casi se me salía. Pensaba: "¿Y si se arrepiente y no llega? ¿Y si su papá y su mamá a la hora de la hora no la dejan? ¿Y si el padre de la iglesia no llega?". Esa y muchas otras tenebrosas preguntas se me vinieron a la cabeza entonces.

Por fin se llegó la hora y ahí estaba parado en frente del altar de la iglesia, esperando que llegara mi prometida. De pronto la vi entrar vestida blanco, el rostro descubierto y un ramo de flores en sus manos, ocultando un poco la barriga que, ya para esas fechas, era del tamaño de una sandía. La acompañaba su papá. Muy apenas distinguía a la gente que nos iba a acompañar en nuestro compromiso. Yo solo esperaba ver llegar a Liliana y que iniciara la ceremonia, y ahí estaba llegando a mi lado, con una alegría que de inmediato me infundió tranquilidad. La cogí de la mano y le dije: "Gracias".

Ya con todo el protocolo cubierto, el sacerdote inició la ceremonia. Dio una homilía muy bonita, con la tradicional lectura de bodas de Tobías y Sara. Al igual que ellos, nosotros no nos estábamos casando para satisfacer nuestras pasiones, sino para formar una familia en el nombre de Jesús, nuestro salvador.

Además del coro de la iglesia, nos acompañó un mariachi que le dio un tono especial al evento. El lazo de bodas y todos los ajuares que se reciben fueron bendecidos por el sacerdote. La misa duró la hora más o menos. Siguieron las felicitaciones, las fotografías con los familiares, todo muy bonito.

De la iglesia nos fuimos al salón de eventos, donde estaba esperándonos la fiesta. La banda nos recibió con la canción "Amor de madre", típica en las bodas en Sinaloa; desconozco si en otras regiones de México también la ejecuten en ocasiones como esta.

La segunda canción fue "El sinaloense". De inmediato nos fuimos a bailar, Liliana con su barrigón, bien contenta, y yo con un traje rentado que no quería ensuciar mucho. Se nos figuraba que el niño se le salía, pero con nervios y todo ahí estábamos en la pista de baile muy contentos, desquitando la música; no la había pagado yo, pero igual por nosotros estaban tocando.

Después de bailar la canción, nos fuimos a sentar en la mesa de honor. Se acercó el papá de Liliana y le dijo: "¿No podrán bajarle un poco a la música?". Liliana tuvo que aclararle: "Es música de banda, papá, no traen aparatos electrónicos, solo son los instrumentos, no pueden bajarle". Don Javier se dio la vuelta, decepcionado, y nosotros nos quedamos sin saber qué hacer. En realidad nos quedamos riendo: no era posible decirle a los de la banda sinaloense que le bajaran el volumen.

La boda siguió su curso normal. Muchos invitados eran de mi lado, muchos amigos de Culiacán. A ese evento sí asistieron mis hermanas de Guasave. Los familiares de Liliana eran más de Guadalajara. Vino su abuelita Esther, madre de la señora Virginia; también estaba don Juan, el papá de don Javier. Mientras me hallaba distraído, mis amigos me agarraron y me metieron al baño. Llevaban una copa bien grande que llenaron de coñac, whisky, ron y de otros licores. Hicieron que bebiera casi la mitad de la copa, junto con las otras tradiciones que me instaron a realizar. Salí del baño bien mareado. Para ellos era pura risa, pero a mí la cabeza me daba vueltas. Me acuerdo y me alegro todavía por haber visto en la boda a mis grandes amigos de aquellos años: Tony, mi compa Dimas, Gil, Beto; también andaban en la bola el Papos, el Meño, etcétera.

Después del show del baño me preguntaron si íbamos a bailar la "tanda húngara", es decir: la tanda del billete. Les comenté que no porque Liliana estaba embarazada y nos daba miedo de que le pasara algo, como que se viniera el chamaco. La cosa es que no aceptaron la negativa y fueron con la banda a pedirles que ejecutaran la famosa tanda. De inmediato me pusieron el mandil y unos cuernitos y empezamos a bailar. Varios de mis amigos, muy espléndidos, me pusieron billetes de cien dólares. Para mí era mucho dinero, así es que le seguimos con el baile. Con eso sacamos para pagar algunas cuentas que debíamos por lo de la boda y nos quedó para irnos a un hotel rumbo a Ensenada.

Cuando entramos al cuarto del hotel, ya muy cansados los dos, acomodamos una pequeña maleta donde llevábamos la ropa para el día siguiente, nos sentamos en la cama, me quité los zapatos, el moño del esmoquin y el resto de la ropa. En cuanto me sentí libre, me acomodé de un lado de la cama y me senté; parecía cama de rey. Ya para entonces Liliana también se había quitado parte de su ropa. De pronto preguntó: "¿Ya estás disponible?". "¿Para qué?", pregunté a mi vez. Me dijo que necesitaba ayuda para quitarse los broches que le habían puesto al peinarla para la boda, pero muy apenas contesté: "Mira, no sé cómo le hagas, pero nos vemos mañana". Naturalmente no se verificó la noche de bodas. Según Liliana, antes de que pasara un minuto ya estaba roncando.

Así iniciamos nuestro matrimonio, bien casados, ahora por las dos leyes: las de los hombres y la de Dios. Con gran entusiasmo y alegría pasábamos los días, yo dedicado al trabajo y ella a cuidarse para esperar la llegada de nuestro hijo al tiempo debido.

NACE MI HIJO DIEGO

A los veinticinco días de habernos casado, el 10 de mayo de 2000, como a las cuatro o cinco de la mañana me despertó mi esposa: "Juan Carlos, ¡se me reventó la fuente!". Le pregunté qué era eso. "¡Pues que va a nacer el niño!". "¡Cómo!", le dije, "¡si aún no es tiempo!". "Pues no sé", me dijo, "¡mira!". Volteé hacia donde dormía y vi todo mojado; con cierta extrañeza le pregunté si se había hecho pipí. Me pidió que no estuviera jugando, no en ese momento. Ya con esa contestación se hizo presente la realidad del momento, me levanté y le pregunté qué debíamos hacer. Me dijo que buscara la papelería del Seguro Social para que enseguida la llevara a la clínica. Bastante ingenuo o torpe o ambas cosas aventuré: "¿No te puedes esperar a que amanezca?". Me conminó a que me cambiara de una vez para salir. Ya para irnos volteé al espejo y le dije: "Espérame un poquito, la camisa que llevo no checa con el pantalón". Podría jurar que si no hubiera estado embarazada, se me hubiera echado encima para obsequiarme con unos buenos y merecidos fregadazos. Por fin salimos, con la papelería lista. Solo eso llevábamos, ya que según las cuentas le faltaba mínimo otro mes para que el bebé naciera; no teníamos la pañalera lista.

Llegamos a urgencias de la clínica 7 del Seguro Social. Ella entró para ser atendida y yo a esperar. Como a las siete de la mañana me dijeron que Liliana se iba a quedar, que ya le estaban haciendo los preparativos para que naciera el niño. Yo estaba en manos de la ansiedad, figurándome una y mil cosas, pero tenía que esperar. Afortunadamente seguía trabajando en el edificio Rocasa, compartiendo oficina con la señora Martha. Ella me producía mucho alivio, me tranquilizaba y me daba la paz que una persona adulta puede transmitir. Como a mediodía me dieron la noticia de que nuestro bebé ya había nacido, que podía verlos a él y a Liliana a la hora de la visita, a las cuatro de la tarde. Muy contento fui corriendo a avisarle a la señora Martha. Me preguntó si ya contaba con la pañalera. Yo desconocía que había que disponer de una, y me explicó que al nacer los bebés, antes de llevarlos a casa, deben de tener sus cobijitas, pañales, biberón, ropita para cambiarlos. "A Liliana le tienes que llevar ropa para que se cambie, tienes que hacerles una pequeña maleta con todo eso para que cambien a tu hijo y te lo puedas llevar".

Puntual llegué a las cuatro de la tarde. Éramos varios los papás que gustosos íbamos por nuestros hijos. Empezaron a nombrar a todos uno por uno. Yo esperaba ansioso mi turno, pero de pronto nos quedamos algunos papás sin que nos nombraran. Acudimos con la señorita de información y dimos nuestros nombres. En ese momento salió un médico pediatra a darnos información. Nos fue llamando a uno por uno para darnos la situación de nuestros hijos y nuestras esposas. Cuando tocó mi turno me acerqué al doctor ya un poco angustiado, ya no me estaba gustando mucho tanto misterio. Informó que mi hijo había tenido unas complicaciones de respiración y que la madre, por haber tenido un parto por cesárea, tampoco podría salir, pero que a ella sí la podría ver. Pedí la autorización y me dejaron pasar. Ahí estaba Liliana, con una bata verde de esas que presta el Seguro Social; corrí a abrazarla, naturalmente despacio porque apenas se podía mover. Le pregunté por nuestro bebé. Me dijo que no había nacido bien y que lo iban a tener en observación. Esa alegría que tenía fue desapareciendo poco a poco. Liliana se angustiaba de verme angustiado; lloramos un poco pero nos repusimos con la esperanza de que al día siguiente nos entregarían a nuestro hijo.

Terminó la hora de la visita y tuve que dejarla. Al día siguiente estuve puntual a las nueve de la mañana. Pasé con ella y seguía sola en la cama con su bata verde y fea. Le pregunté por el niño y me dijo que no podía verlo, que seguía en observación. Como podíamos nos dábamos apoyo. Ya era el segundo día y nada de verlo. Cada hora que transcurría más me angustiaba. Ese segundo día, hasta la hora de visita de las cuatro de la tarde nos dieron información. El pediatra, un hombre de barba canosa y unos cincuenta o más años de edad, nos dijo que el niño había pasado muy mala noche, que creían que no iba a amanecer. Eso para mí fue como recibir un balde de agua fría; se me congelaron las piernas, pero aun así se me figuraba que eran mentiras. Le pregunté cómo estaba ahora y me respondió que estable, pero que no había podido mejorar. El haber nacido prematuro, de ocho meses, no le permitió desarrollar muy bien los pulmones; debían tenerlo más días en observación. Para mí eso fue muy duro.

Al tercer día me dejaron entrar a verlo. Tenía una pequeña banda de codificación con unos números escritos a mano con pluma color azul en su manita izquierda. Una aguja le salía de sus venas del antebrazo y otra de su piececito, ambas con cinta blanca sujetándolas para que no se le salieran. Su carita hinchada y rosada se le veía como la de un angelito. Un cunero patológico le servía de cama. Esos cuneros tienen unas entradas u orificios por un costado donde caben las manos de un adulto; en una de ellas metí una de mis manos e intenté cogerle su manita. Como no logré que me asiera de la mano, ya no intenté más, solo dejé mi mano sobándole sus dedos. De repente sentí que su manita tomaba mi dedo meñique; no me apretaba, pero sí sentí cuando intentaba sujetarme. Se me salieron las lágrimas. Sentí una esperanza tan profunda en mi corazón que me dije: "Este niño se queda con nosotros". Lleno de fe y esperanza salí de donde estaba y fui a ver a Liliana. Muy feliz le conté lo que había pasado y me abrazó con fervor y deseos de que mis pensamientos se hicieran realidad.

Ese tercer día fue muy prometedor. Nuestro hijo daba muestras de querer vivir. A Liliana la dieron de alta, por fin me la llevé a casa. Ahora solo era esperar a nuestro hijo para también llevarlo a vivir con nosotros. Ese día en que entré a verlo ya lo llamé por su nombre, Diego. Ese nombre, hermoso para nosotros, sería con el que lo identificaríamos por el resto de nuestros días.

Así pasaron cuatro, cinco, seis, siete y ocho días. Iba todos los días a verlo durante las visitas de la mañana y de la tarde, como relojito. Nunca fallamos; era vital entrar con él para decirle cuánto lo queríamos y cómo deseábamos que se fuera con nosotros a casa. Ya lo que nos dijo el pediatra de que si amanecía o no amanecía quedaba en segundo término.

POR FIN NOS ENTREGAN A DIEGO

Al noveno día llegamos como de costumbre. Ese día sufrimos mucho y nos angustiamos demasiado. Un par de niños que estaban en la sección de Diego habían fallecido. La hora de visita era a las nueve de la mañana y casi eran las once y no nos hablaban. A algunos familiares les daban buenas noticias, a otros no, como ese par de familias cuyos hijos habían fallecido. Por fin nos hablaron. Corrimos inmediatamente al escritorio de la señorita de información, quien nos dijo que nuestro hijo estaba dado de alta y que podíamos pasar por él. Me fui al carro corriendo por la pañalera. Liliana se quedó haciendo los trámites y yo regresé inmediatamente con las cosas de nuestro hijo.

Había pasado al fin aquel calvario; ya era tiempo de llevarlo a casa. Diego salió pesando dos kilos y trescientos gramos, cabía en una caja de zapatos pequeña. Todos los días lo poníamos en la ventana, abríamos la cortina para que le diera el sol y así agarrara color. Una vez que le tomamos confianza me lo ponía en la barriga, donde se dormía plácidamente.

Diego superó toda su etapa de bebé prematuro y afortunadamente hoy tiene veinte años y juego golf cada ocho días con él. Está estudiando la universidad y lleva una vida normal.

COMIENZO A ESTUDIAR MI ESPECIALIDAD EN IMPUESTOS

Después del nacimiento de Diego, empecé a estudiar una especialidad en impuestos en mi alma máter. Ahí conocí nuevas personas y seguí desarrollándome profesionalmente.

En esa etapa empezaron a rendir frutos mis esfuerzos. Logré arreglar un poco la casa donde vivíamos, allá por el Grupo México. Una vez, mientras tomaba clases, me habló Liliana: no hallaba qué hacer con unos alacranes apostados en la puerta de entrada al cuarto donde estaba con Diego. Rápido llegué a casa y ahí estaban los alacranes, muy grandes en verdad los desgraciados, y como se diría, muy quitados de la pena. Sin mayor trámite, tomé una chancla y los maté.

Antes de que Diego cumpliera el primer año de vida, me armé de valor y en una cita con Alexandra y su mamá les llevé una fotografía del niño. Ale acababa de cumplir diez años, era todavía muy pequeña. El caso es que yo ya no aguantaba el secreto, les enseñé la imagen y les dije: "Me casé y tengo un hijo". Las dos me vieron con expresión incrédula. Silvia preguntó: "¿De quién es este niño? ¿Es tu sobrino? ¿Es hijo de Mayra tu hermana?". No, les dije, se llama Diego y es mi hijo.

Alexandra aún no sabía que era mi hija. Yo creo que lo intuía, o que al menos sentía un cariño especial por mí. Cuando veía la fotografía del Diego fingía desinterés, se volteaba para otro lado, por celos quizás, pero era un hecho que no le agradó que tuviera un hijo.

Al final Silvia me creyó y me preguntó cómo había estado lo de mi matrimonio. Le expliqué que me sentía muy solo y que Dios había puesto a Liliana en mi camino; me sentía muy a gusto con ella; ella y su familia no tenían dinero igual que yo, pero éramos perfectos el uno para el otro.

Me pidió conocer a Diego, ya que al fin de cuentas era hermano de Alexandra y algún día tenían que conocerse. Ale lo conoció después, sin mucha alegría ni gloria, ya que, como dije, aún no sabía que yo era su papá.

En mi vida profesional se fueron acomodando las cosas. Progresaba y mis relaciones de negocios crecían. Para el año 2002 ya estaba terminando la especialidad en impuestos, Liliana se había embarazado de nuevo y ahí íbamos caminando, siempre haciendo planes con mucho entusiasmo.
Emprendía mis primeras planeaciones en impuestos. El abanico de profesionistas que conocía se iba expandiendo. Me presentaron en aquella época a Rogelio Campos —oriundo de Estación Dimas, San Ignacio, Sinaloa, cerca de Mazatlán—, gran conocedor de las leyes fiscales, con quien hice muy buena amistad; de hecho, en 2005 establecimos una sociedad de la que tenía yo grandes ilusiones, pero al cabo de un par de años no rindió frutos. Sin embargo, las ilusiones jamás se perdían.

Además del buen Rogelio Campos, conocí a otros profesionistas de los cuales tengo muy buenos recuerdos y con muchos de ellos llevo negocios. También en esos ayeres conocí a Juan Carlos Coss, muy amigo de Roberto, del que solo quedan recuerdos no muy gratos. Al margen, espero en Dios que esté en mejor situación que cuando dejé de verlo, más o menos a inicios de 2011. Con él ya no pude emprender ningún negocio; no sé dónde ande, mas espero que se encuentre bien.

He comentado lo agradecido que estoy con muchas personas que me ayudaron a fortalecer mi crecimiento como persona y como profesionista, pero no quiero dejar de hacer mención de un empresario americano que ha estado invirtiendo en Rosarito desde el año 2000. (Para no mal interpretar ni menospreciar a los otros empresarios que me ayudaron a crecer, diré que este contrato fue muy representativo para mí, ya que antes de eso nunca había facturado una cantidad tan grande ni en todo un año.) El empresario en cuestión me dio trabajo en 2003 como asesor de impuestos, convirtiéndose en el parteaguas de mi carrera aquel contrato de sesenta mil dólares. Derivado de mis tareas, detecté que su empresa tenía la obligación de que un contador público emitiera una opinión sobre sus estados financieros. Primero hablé con su administradora, a quien aprecio mucho, al igual que a su esposo, ambos buenos amigos míos y de mi esposa a la fecha. Le pedí que me concertaran una cita con el dueño para comentarle sobre esta obligación. El primer día que vi a míster Alan, clásico anglosajón, alto y de cabello originalmente rubio, ahora blanco, noté que tenía algo en particular: no sabía decir ninguna palabra en español, y para no quitarle mérito a esta primera cita, confieso que yo no hablaba ni entendía una sola palabra en inglés, pese a los intentos de aprender que había emprendido años atrás con Silvia. Sabía por supuesto que "yes" quiere decir "sí", pero hasta ahí llegaba mi conocimiento de la otra lengua.

Su administradora nos presentó, explicándole en inglés lo que yo decía en español. Míster Alan se me quedó viendo unos segundos y me dijo, de acuerdo a la traducción: "¿Es esto una obligación? ¿O solo me quieres vender servicios? ¿Y qué pasa si no lo hago?". Sudando y como Dios me dio a entender, le expliqué a la administradora de lo que se trataba y al final su jefe aceptó. La administradora me dijo que programara el trabajo. Para mí fue haber hecho el trato de mi vida; nunca antes había tenido un acuerdo igual ni por mucho. Hasta ahí todo era emoción.

Cuando salí de la reunión me senté a hacer cuentas. Había logrado un muy buen contrato de servicios pero yo no era auditor, ni tenía personal para auditar: una verdad implacable, al margen del juego de palabras. Mi equipo lo conformábamos dos contadores, una secretaria y yo, y para hacer el trabajo en puerta se requerían al menos seis personas, más un contador que tuviera registro ante Hacienda para poder emitir la opinión sobre los estados financieros de las empresas de míster Alan. Me dediqué a armar el equipo de auditoría y sacamos el trabajo. Al día de hoy tenemos un grupo bien consolidado.

Antes de seguir, recuerdo que llegando a casa le platiqué a Liliana: "Me acaban de autorizar un contrato de sesenta mil dólares, este será el primero, Dios mediante habrá muchos más." "¿Y de qué te contrataron?" "De auditor." "Pero tú no eres auditor." "No te preocupes, lo voy a hacer y muy bien, ya hice el presupuesto y nos va a dejar buena ganancia." "Pues bueno, si tú lo dices confío en ti, Dios te ha de bendecir y saldrá todo bien." Era tanta la emoción que no me preocupaba cómo lo iba a hacer. Al final de cuentas hice buen trabajo y hoy en día soy el asesor fiscal personal del señor Alan.

Además de la especialidad, estudié una maestría en contabilidad y una segunda maestría en impuestos con mención honorífica. Ambos posgrados me permitieron conocer a personas muy inteligentes de quienes aprendí bastante; continúo haciendo negocios con compañeros especialistas en cada una de las áreas de los temas fiscales.

NACE DIANA, MI TERCERA HIJA, Y KARLA, LA ÚLTIMA

Cuando nació Diana todo estuvo mejor. Llegó a bendecir más nuestras vidas el 1 de marzo de 2002. A Liliana le tuvieron que hacer cesárea nuevamente, ya que Diana traía el cordón umbilical enredado en su cuello. Suena dramático, pero solo fue un susto. Estuvo unas horas en cuidados intensivos, al siguiente día la dieron de alta y nos fuimos a la casa con ella muy contentos de tener ya a la pareja. Diana es una niña muy tranquila, nunca da problemas de conducta ni de ningún tipo; es muy estudiosa, siempre trae buenas notas; a todas luces se advierte lo orgulloso que estoy de mi Flaca, como me gusta llamarla.

Desde niña Diana ha sido muy alegre. Solo daba lata porque le gustaba que todo el tiempo la trajera en brazos o que la abrazara. Ah, Flaca, cómo llorabas cuando no te abrazaba. Siempre me has querido mucho, ojalá siempre me sigas queriendo. De hecho, cuando leas esto ojalá me hagas caso y te sigas poniendo vestidos como cuando niña; con tus jeans ya pareces retrato: todos se parecen, como si nada más tuvieras un par. De seguro la gente pensará que soy un avaricioso o que apenas gano dinero y que no quiero invertir en tu vestimenta.

El nacimiento de Diana fue más bien ordinario, sin riesgos, solo que traíamos la experiencia de Diego y estábamos muy nerviosos. Afortunadamente todo estuvo muy tranquilo. Por su inteligencia y la sobriedad en su conducta, la Flaca solo nos ha dado satisfacciones y amor. Abrigamos muchas esperanzas de que tenga una vida feliz; hemos de apoyarla en todo para que lo logre.

Actualmente está por terminar sus estudios de preparatoria. El año pasado (2019) nos preocupó un poco porque tuvo las intenciones de irse a estudiar, a la ciudad de Guadalajara, Jalisco, una ingeniería en biotecnología, carrera que está muy decidida a estudiar, ya que desde la secundaria, en cada oportunidad que tenía, solía participar en concursos de laboratorio. El dejar a los hijos que tomen sus propias decisiones es parte del crecimiento que como familia hemos tenido. Pero, imagínense, una niña (bueno, muchacha pues) de 18 años que se va sola a una ciudad lejos de nosotros, se nos hizo duro, pero igual aceptamos
Íbamos asimilando lo del traslado de Diana con el propósito de que cumpliera sus sueños profesionales, cuando, en una visita que hicimos a unos amigos de Liliana en el puerto de Ensenada, platicando con ellos nos enteramos que la carrera que nuestra hija quería estudiar, se impartía también en una escuela de Ensenada. Para nosotros, escuchar eso fue como una bendición. De que se fuera a estudiar a Guadalajara, que nos queda a 3 horas promedio en vuelo de avión, a que se vaya a estudiar a Ensenada, que nos queda a poquito más de una hora en carro pues es una gran diferencia. Platicamos con ella, le pareció bien el cambio y nos volvió la tranquilidad familiar. Dios bendiga a mi Flaca y la haga realizar todos sus sueños.

Karla, mi Ñaña, nació el 25 de abril de 2006, sin la menor complicación. Nació también por cesárea, como Diego y Diana. Cuando llegué al hospital la vi con su abundante cabello negro, toda coloradita por estar recién nacida. Liliana la acunaba en sus brazos; ahí, como en los dos partos anteriores, se hallaba Cinthia, la doctora amiga de la familia que siempre ha estado al pendiente de cualquier asunto de salud de todos nosotros. Al siguiente día nos acompañó a la casa como rutina médica. Con el nacimiento de Karla quedamos completos y optamos por "cerrar la fábrica". Liliana y yo nos hemos dedicado a conocernos mejor y a disfrutar como pareja sin preocuparnos ya de buscar más progenie o de concebir otros hijos sin que esté en nuestros propósitos.

De mis cuatro hijos, Ñaña es la que más se parece a mi familia sinaloense. Es muy alegre, desde niña le ha gustado la música de banda. En su escuela, cuando el tema versa sobre música, ella hace mención de nuestras canciones, provocando reacciones e interrogantes sobre algo tan sencillo y ahora conocido como es el repertorio popular sinaloense. Ella es muy social, sobresale en el basquetbol y a veces en atletismo. Es creativa y tan expresiva conmigo que solo deseo que nunca se le quite eso. Tiene catorce años y no hay una sola noche que no venga a persignarme y desearme las buenas noches.

Algo que nos tiene sorprendidos de Karla, es el desarrollo que ha tenido en el basquetbol. Recuerdo cuando entró a la primaria, era de estatura muy pequeña (actualmente no es de estatura súper alta, pero tampoco es chaparra). En tercer año de primaria le empezó a gustar ese deporte (basquetbol), y para sexto año de primaria ya estaba participando en un torneo nacional y otro latinoamericano. Este año está por salir de segundo año de secundaria y representará a Baja California en un torneo nacional del mismo deporte. Como lo comenté: nos tiene sorprendidos. El grupo de niñas con las que juega es un gran equipo; su entrenadora es súper disciplinada, eso ha dado como resultado los logros obtenidos. Espero siga creciendo con esa alegría y dedicación que le pone a todo lo que hace.

Mis hijos complementan el plan armonioso de vida. En Diana y Karla, en Diego y Alexandra, encuentro todas las energías que necesito para salir adelante. Les debo mis alegrías, por ellos me esfuerzo y por ellos vivo feliz.

MI PAPÁ EMPIEZA A ENFERMAR Y FALLECE

La época del nacimiento de Diana fue muy dura para mi familia, ya que constantemente debía viajar a Sinaloa a ver a mi papá. En 2003 le diagnosticaron cáncer de pulmón y las cosas se complicaron. No teníamos dinero para trasladarnos cada rato a Sinaloa, pero la obligación moral de ir a ver a mi Apá me obligaba a visitarlo. Hubo una temporada que fui cada quince días, demasiado para mi capacidad económica, pero nunca le fallé.

En mi afán por hacer algo para aliviarlo, al poco tiempo de que se enfermó me lo traje a Tijuana. Le pagué un vuelo de avión para ver si aquí podía buscar algún tratamiento que lo ayudara a aliviarse. En los pies le salieron úlceras que le impedían usar sus huaraches. Era muy complicado el panorama. Él siempre fumó, nunca fue a la escuela y no distinguía las letras; siempre se hacía acompañar por mi Amá, que aunque tampoco fue a la escuela sí sabía leer y escribir. El caso es que traje a mi Apá a vivir con nosotros. Antes de que llegase le había mandado a hacer un cuarto independiente, con baño para su mayor comodidad. Investigué sobre medicina alternativa con la esperanza de aliviarlo. Le di desde cápsulas de embriones de becerros nonatos, hasta unos tés de una compañía que se llama Florence. También le atendimos con medicina naturista pero no había mejora, se iba acabando el viejo.

Lo más rescatable de su estancia en Tijuana es que conoció a Alexandra y a Silvia. Ale en verdad estaba muy pequeña y entonces no apreció mucho que se lo presentara. Es diferente ahora, cuando me agradece por haberlo conocido. Pasaron los días y se fue de regreso a Sinaloa.

Allá mi Apá solo viajó a los hospitales del Seguro Social en Guasave y Culiacán. La última vez que fui a verlo al hospital de la capital sinaloense lo dieron de alta. Me tocó viajar con él en la ambulancia de Culiacán a Guasave. Cuando llegamos estaba toda la familia, nos esperaban en el lado de urgencias. En primera línea estaba mi señora madre. Todos tenían la ilusión de que les llevaría buenas noticias, pero no era así. En realidad, a mi Apá lo habían dado de alta para que nos lo lleváramos a la casa y ahí pasara los últimos días; solo hicimos unos trámites para que le prestaran unos tanques de oxígeno y nos lo llevamos.

Yo seguí insistiendo con la medicina alternativa. Me decía que ya no gastara en él, que no tenía caso. Yo solo lo escuchaba y le decía: "Está bien, Apá, no se preocupe, todo va estar bien".

En la etapa terminal un sacerdote fue a la casa y lo casó. Mi Amá estaba contenta por haber recibido el sacramento del matrimonio. Mi padre pudo comulgar y el sacerdote lo confesó; todo se iba preparando para su partida. Las idas y venidas la mayoría de las veces lo hacía solo, pero el verano de 2003, en cuanto salió de vacaciones escolares Fernando, mi sobrino e hijo de mi hermana Eréndida, nos subimos al carro de la Ere, mi familia y yo, y partimos. Nos habían hablado para informarnos de que mi Apá estaba muy malo, que fuéramos a verlo.

Llegamos el 5 de julio por la tarde. Con todo el dolor de la enfermedad, mi Apá nunca se quejó. A todos nos sorprendían su valor y su resistencia. Estaba esperándonos con los brazos abiertos. Platicamos con él un rato. Nos sentíamos contentos de estar ahí. Su última noche de vida recuerdo que le fui a dar las buenas noches a su cuarto. Me pidió ver a Diana, se la llevé, la tomó en brazos y le dio un beso. La Panchi mi hermana se quedó un rato con nosotros. Al fin nos despedimos y le dimos las buenas noches. Mi Amá dormía a un lado, en la cocina de la casa.

Al día siguiente, como a las seis de la mañana, yo todavía estaba dormido cuando entró mi Amá al cuarto toda desconsolada y con un grito de desespero me dijo: "Se acabó tu padre, mijo". Aún recuerdo ese momento y la piel se me pone de gallina. Rápido me levante, corrí al cuarto y vi a mi papá tendido sobre su cama con los brazos abiertos y los ojos mirando al cielo. Me le eché encima pidiéndole que me hablara, pero ya todo era imposible: se había ido.

En unos minutos, o lo que para mí fueron segundos, ya estaba tía Luz en el cuarto consolando a mi Amá. Inmediatamente cerró los ojos del cuerpo inerte de mi señor padre que había emprendido el viaje a donde no hay regreso. Está por demás decir que esa mañana fue muy triste. Tía Changel soltó un llanto tan desgarrador que estremeció toda la casa. Inmediatamente se hicieron presentes los familiares. La Panchi mi hermana estaba muy afligida mesándole el cabello a mi padre. Todas estaban sin poder creer lo que veían. Algo tan natural como la muerte se convierte en algo inaceptable cuando le toca al familiar de uno. Aunque no lo logremos comprender y nos duela hasta el alma perder a los seres queridos, recordemos que hay muerte porque hay vida, sin la primera la segunda no tiene lugar.

Los funerales corrieron conforme a los usos y costumbres de las comunidades de esa región de mi estado. Fue en el portal de la casa. Toda la noche hubo velación y al día siguiente mi padre fue llevado en carroza a la iglesia para su misa de cuerpo presente. Salimos del rancho caminando como un kilómetro acompañando el féretro. En todo momento me tocó apoyar a mi Amá, fui su soporte. Mis hermanas no tenían fuerza para apoyar y mis otros hermanos andaban en las vueltas del panteón y arreglando toda la logística del entierro.

Allá quedó mi Apá en el panteón municipal de Guasave. Con tristeza y desolación nosotros regresamos a Tijuana. Ya no había más qué hacer. De los días del novenario nos quedamos unos tres. Hubo que hacerlo para agradecer a toda la gente que nos había acompañado. Aparte, la idea era acompañar a mi Amá junto con mis hermanas y hermanos, estar unidos todos para mostrar fuerza con ella y que se sintiera apoyada.

Los primeros tres meses de luto fueron muy duros. De la nada soltaba el llanto recordando a mi padre. Recordaba los días de la niñez en que había estado con él, y me reprochaba no haberme quedado junto a él o haberlo apoyado más en su enfermedad. Haber viajado o conocer nuevos lugares a su lado para mí era lo que más deseaba, pero todos sabemos que el tiempo no regresa. Por eso a mi mamá le pedí que nos visitara lo más que pudiera en Tijuana. En esas fechas me atormentaba al escuchar canciones que hacían referencia al papá, como una de Antonio Aguilar que se llama "Qué falta me hace mi padre". Solo de recordar aún me pongo sentimental, pero la vida no para y hubo que planear lo que seguía.

Volvimos a Tijuana a organizar nuestras actividades de nuevo. Por las constantes visitas a Guasave había descuidado un poco la oficina, así es que retomé todo de nuevo y me dispuse a reforzar nuestros planes de crecimiento.

PUERTO PEÑASCO, PROYECTO NUEVO

En 2005 inicié un proyecto en Puerto Peñasco, justo cuando comenzaba el boom inmobiliario en aquella zona. Un cliente nos recomendó para ver la planeación de la venta de una casa, nos dio viáticos que incluían hospedaje, comida, gasolina, casetas de cobro, etcétera.

Con ese proyecto iniciamos la aventura profesional en Puerto Peñasco. A los dos meses de haber realizado la primera visita ya teníamos oficina. Un contratista nos dio chamba; así estuvimos hasta la debacle del ramo inmobiliario, a finales de 2007. Hicimos algo de negocio. En realidad, en Puerto Peñasco todas las firmas de contadores entraban y salían, así es que haber puesto oficina nos dio una ventaja competitiva sobre los demás que nos permitió desarrollarnos bien.

El periodo que estuvimos yendo a trabajar fue muy pesado. Había veces que nos citaban a las doce del día; nunca decíamos "no puedo", aceptábamos la cita y ahí vamos. De Tijuana a Puerto Peñasco se hacen en automóvil un promedio de seis horas. Para la cita de las doce teníamos que salir un poco antes de las seis de la mañana. Nos apersonábamos, comíamos con los clientes, recopilábamos la información para hacer lo que nos pedían y listo. Algunas veces regresábamos el mismo día. Llegábamos a Tijuana entre las diez y la medianoche. Eso estaba bien y no era tan pesado cuando íbamos dos personas. El cansancio era abrumador cuando me tocaba ir solo. Me llevaba chiles verdes para comer cuando me sentía cansado. Con la enchilada se me iba el sueño o el cansancio. También gritaba fuerte o me mordía las manos, me jalaba el cabello, me bajaba del carro a estirar los huesos. Hacía de todo para no dormirme manejando. Con todo eso y la ayuda de Dios fui dándole duro a aquella chamba.

En 2008 dejamos de ir a Puerto Peñasco por las razones comentadas y de nuevo nos enfocamos en Tijuana. El problema inmobiliario les pegó a todos los mercados. En Estados Unidos la gente perdió sus casas, vivía abajo de los puentes. Todos los giros estaban tambaleándose, todos luchábamos por sobrevivir; y al fin y al cabo lo hicimos.

AHORA FALLECE MI AMÁ

Desde 2003 que falleció mi papá, me dediqué lo más que pude a atender a mi Amá. La paseábamos y trataba de darle una vida cómoda, que no sufriera por nada. Era el encargado de mantenerla en lo económico y en parte en lo emocional, no dándole preocupaciones. Somos diez hermanos, cinco hombres y cinco mujeres, y en lo económico he sido bendecido generando un poco más de recursos que aquéllos, y nunca me ha pesado ayudar a toda la familia. En mucho o en poco a todos he ayudado y con mi madre no me ponía límites. La casa se pintaba cuando ella lo pedía; si se le antojaba un comedor, refrigerador, trastes o algo de la cocina, se lo compraba. Le mandé hacer una recámara nueva bien climatizada y con todo lo elemental para que estuviera a gusto con toda la familia, gozando de sus nietos y la comodidad que da una vida de rancho.

Aun con todas las atenciones que le dábamos entre todos, cada quien según sus posibilidades, mi mamá enfermó. Para verano de 2007 la bronquitis que toda la vida le había dado lata se le complicó. Empezaron los síntomas de neumonía. A los primeros indicios paré orejas y la mandé con médicos particulares. Esa Navidad de 2007 fuimos a pasarla con ella. Diego tenía siete años, Diana, cinco, y Karlita, uno; Alexandra, entonces con dieciséis años, no gustaba de ir al rancho, a diferencia de hoy en día, cuando cada que puede quiere que la lleve a mi terruño. Esa última Navidad que pasó mi mamá con nosotros fue un diciembre como de despedida; nos juntamos todos los hermanos y las hermanas a estar con ella en esas fechas, todo en una atmósfera muy familiar.

Con el ánimo de distraerla y de que tuviera ilusiones, le prometí fiesta grande en su cumpleaños, que era el 29 de junio. Apenas entraba 2008 y ya estaba planeándole fiesta para su día: matar un becerro para hacer una gran barbacoa e invitar a todas sus amistades y familiares, así como llevarle música de banda sinaloense de acuerdo a nuestros gustos y costumbres. Los primeros días de enero nos regresamos a Tijuana y la dejamos relativamente bien, enferma de la bronquitis, pero bien atendida por todas mis hermanas. Nos regresamos tranquilos. Sin embargo, para el mes de mayo mi Amá estaba cada vez peor. Yo quería que la viesen médicos particulares para que la atención fuera más personalizada. Una persona adulta de 71 años para nosotros no era tan grande, y creo que aunque hubiera tenido cien años la hubiera atendido con las mismas ganas para que durara más con nosotros. Fuimos a verla el Día de las Madres, anduve atendiéndola con médicos y nada; no hallaban cómo curarla. Yo regresé a mediados de mayo a seguir trabajando y entrando junio me hablaron mis hermanas. Mi mamá había tenido un ataque de asma y la llevaron a urgencias al Seguro Social. Las salas de urgencias suelen estar demasiado frías, con la climatización a punto de congelar el aire, y a mi mamá, con problemas de asma y bronquitis, le dejaron esperando como cuatro horas para que le asignaran una cama. Por las condiciones del lugar y su dolencia contrajo pulmonía. Por recomendaciones médicas no me dejaron sacarla para llevarla con un médico particular. Mi mamá ya estaba sufriendo mucho. Ese ataque de pulmonía sería su fin. Llamaron a un sacerdote para que le administrara los santos óleos. A mi mamá le daban unas calenturas tan fuertes como respuesta de su cuerpo para defenderse de la neumonía, pero no podía ser más fuerte que la enfermedad. Una de las veces que entré a verla platiqué con ella; en realidad solo escuchaba y entendía, pero no podía hablar. La tomé de la mano y le dije que no se preocupara por Memo, el hermano que siempre ha vivido en la casa cuidando a los animales y encargándose de las tierras; él fue a la escuela primaria pero nunca aprendió a leer y a escribir. Mi madre siempre lo atendió y como que no se quería morir sin saber que alguno de nosotros se haría cargo de él. Mirándola a los ojos, le dije: "No se preocupe por el Memo, en lo que Dios me dé salud y trabajo, siempre le voy a mandar dinero para que mis hermanas le compren mandado; si puedo nunca le va a faltar nada". Con la cabeza asentía como dándome las gracias por lo que le acababa de decir; se le salieron las lágrimas y por supuesto a mí también. Era como una despedida. De ahí salí a llorar en el pasillo y me quedé sentado un par de horas. Liliana estaba con ella y una de mis hermanas. De pronto vi que una enfermera salía corriendo del cuarto donde estaba mi Amá y regresaba con un aparato con el que dan descargas eléctricas para que revivan las personas. En eso salió Liliana y mi hermana y me dijeron: "Se fue, Juan Carlos, los doctores ya no pudieron hacer nada". El shock fue inmediato, ya no hallaba qué hacer. Todo fue tan rápido. En esos momentos no hay consuelo que te haga detener el llanto, pero igual teníamos que avisar a los demás: hermanas, hermanos, demás familiares y amigos.

La muerte ya había llegado por nuestra madre. El tiempo avanza, así es que a organizar los funerales. Del Seguro Social nos fuimos a una funeraria a escoger el ataúd y contratar el paquete de entierro. Algo que de cierta manera nos producía humor es que mi Amá hacía tiempo había contratado un paquete funerario. Nosotros le decíamos: "Amá, déjese de eso, falta mucho", y a la hora de la hora echamos mano del paquete que ella con mucho sacrificio había estado pagando.

Algo que me quedó bien grabado y que no me lo esperaba, ya que con mi Apá no me tocó hacerlo, fue identificar el cuerpo en una bolsa negra de plástico donde la tenían para que nos la entregaran. Ahí estaba el cuerpo inerte, desarreglado por los movimientos que les hacen para poder resguardarlos en esas bolsas negras. Su bello rostro aún lo recuerdo cuando abrieron la bolsa y nos preguntaron a mi hermano Chuy y a mí que si ella era y dijimos que sí, dimos el nombre completo, de ahí en adelante la funeraria se encargó de todo.

Mi madre quedó en el panteón de Guasave junto a mi padre y ahí descansan juntos, así como vivieron a lo largo de cuarenta y nueve años.

PASAN LOS FUNERALES Y NOS REGRESAMOS A TIJUANA

Mi familia y yo seguíamos viviendo, muy a gusto, en la colonia Camino Verde, solo que en 2010 la violencia en Tijuana se había recrudecido bastante. Decenas de muertos aparecían en las calles y los cruceros. Fue una parte de la vida colectiva de Tijuana muy angustiosa. Veintidós años viviendo sin ningún referente de ese tipo te ponía muy alerta. La colonia Camino Verde, para quien no la ubique, está enclavada en cañones formados por tierra arcillosa. Nosotros vivíamos en uno de ellos que se llama cañón Lázaro Cárdenas. En ese cañón, aparte de nosotros, vivía mi cuñado Memo, su hermano Julián, Omar mi sobrino, junto a una comunidad jarocha como de veinte familias todas muy amigables. Todo ahí era armonioso, muy a gusto vivíamos ahí, muy unidos todos.

Una noche en que por razones de viaje no estábamos en casa, a media cuadra subiendo la calle habían secuestrado a una persona. De repente me dio algo de miedo, pero luego pensé que eso era entre ellos, que a nosotros no nos pasaría nada; eso era problema entre los que se dedicaban a andar en los negocios ilícitos. Así me consolé y di por algo pasajero el hecho. A Liliana no le comenté nada, me fui a trabajar como en cualquier día normal. En ese entonces habíamos sacado un automóvil de agencia, en él iba y venía muy bien. Ese día salí temprano del trabajo. En la entrada de la casa, por el portón donde metía el carro, estaba Chalino, un vecino hijo del Ánimo, apodo que le dedicamos a

Toribio Aguilar (qepd). Chalino nunca fue a la escuela, eventualmente hacía mandados y se ganaba propinas; con nosotros se llevaba bien, él no se metía con nosotros y nosotros no nos metíamos con él. Se me acercó y me dijo: "Oiga, don Carlos". "¿Qué pasó, Chalino?" "Mi Apá me dijo que le comentara que el señor que se la llevaba aquí en la esquina, preguntó en que trabajaba usted." "Ah, está bien y ¿qué le respondieron?" "Qué usted era contador y que le iba muy bien." "¿Y quién es ese señor que se la llevaba ahí en la esquina?" "Pues es el señor que secuestró al de arriba". "¿Cómo?" "Es que como no trabajo a veces platicaba con él y me hacía preguntas de usted." "A ver, Chalino, por favor dime bien cómo fue o qué te preguntó." "Es que me dijo el señor que se dedica a se-cuestrar y a robar, pero cuando me platicaba yo no le creí, hasta que secuestró al señor de arriba." Se me helaron las piernas al escuchar eso, y le volví a pre-guntar: "Pero de mí, ¿qué les dijiste?" "Pues eso, que usted era contador y que le iba muy bien." Al confirmar que el fulano había estado preguntando por mí se me vinieron mil cosas a la cabeza: ¿y si me están vigilando?, ¿y si vienen por nosotros?, ¿y si se llevan a Diego?, ¿o a Diana?, ¿o a Liliana? Esa misma noche hice varias llamadas. Al día siguiente ya estaba viviendo en un departamento a un lado del palacio municipal. En los primeros meses no volví a la colonia; esperé a que las aguas se calmaran con el tiempo. La verdad nunca supe si fui considerado *target* de los secuestradores; no me interesó quedarme a averiguar. A la primera oportunidad puse tierra de por medio. A Dios gracias aquí estoy escribiendo mi libro.

CAMBIO DE DOMICILIO Y EMPIEZO OTRA NUEVA ETAPA DE MI VIDA

Después del problema en la colonia, nos mudamos a los condominios cafés que están a un lado del palacio municipal. De plano en la colonia, aunque estaba rodeado de familiares y muchos amigos, ya no era posible seguir viviendo. Por razones de mi trabajo tengo siempre que andar bien vestido, de traje y corbata, con zapatos bien boleados (siempre he dado el gatazo, modestia aparte), así que la gente que no sabe o no te conoce puede pensar que tienes mucho dinero, cuando en realidad vives solo de tu trabajo. Dejas de trabajar, dejas de comer. Por eso siempre agradezco a Dios la salud que me da y a toda la familia. Tam-bién por el digno trabajo que tengo, muy noble, que todo nos ha dado; no dudo en profesar mucho orgullo de mi profesión.

Con el cambio de domicilio cambiaron muchas cosas. En 2011, Diego tenía once años, Diana, nueve y Karla, cinco. Los tres iban a escuelas públicas, ninguno de ellos había estado en escuelas privadas.

CONOZCO A LUIS MANUEL, SOCIO DE UNA FIRMA MUNDIAL DE CONTADORES PÚBLICOS

En octubre de 2010, en una comida en un conocido restaurante de mariscos de Tijuana, mientras departía con un abogado llegó un amigo suyo de Los Mochis. Ellos tenían una cita en ese lugar, solo que yo estaba viendo con el litigante unos asuntos de defensa de uno de mis clientes. Coincidió pues que nos conociéramos. Mi amigo nos presentó a mí y al recién llegado. Nos enteramos de que los dos éramos contadores, luego salió que él era de Los Mochis, yo de Guasave y de volada surgió la carrilla, la chunga. A los de Guasave siempre nos tildan de tontos, no sé por qué, pero a donde vaya, si se enteran de que soy de Guasave me empiezan a contar chistes sobre las tontadas en que incurren olímpicamente los lugareños, como en España lo hacen sobre los gallegos. Es parte del show y lo acepto; a fin de cuentas, tonto no he sido ni soy, como muchos creen.

En esa reunión salió a relucir que Luis Manuel andaba buscando oficinas para instalarse en Tijuana, en calidad de socio de una firma internacional de contadores públicos. En Mexicali acababa de rentar oficinas y tenían al equipo de trabajo en marcha. Ahora le tocaba habilitar Tijuana. Ni tardo ni perezoso le ofrecí mis instalaciones. Con esa confianza y enganche que tenemos los sinaloenses, él me tomó la palabra y empezamos a platicar del tema. Me preguntó cuántas personas éramos, qué servicios prestábamos, si la cartera de clientes era aceptable, cuánto facturábamos, etcétera. Para no hacer el cuento muy largo sobre mis inicios en la firma que actualmente represento, solo diré que en marzo de 2011 inauguramos la oficina. Otra vez mi costal de ilusiones se volvía a llenar a tope. La oficina fue abierta al público con el nombre de la marca que Luis Manuel representaba.

Aproveché muy bien la oportunidad. Estoy al frente de esa importante institución como socio director y la vida me ha cambiado bastante. He visitado algunas ciudades que como firma local no hubiera conocido. En el país he estado en Ciudad de México, Monterrey, Guadalajara, Cancún, Mérida, Hermosillo, Nogales, Culiacán, Mazatlán, Querétaro. En el extranjero he estado en Seúl, Corea del Sur; Singapur; Panamá; San Juan, en Puerto Rico; Orlando; Los Ángeles; San Francisco; Oakland; Nueva York, Chicago; Las Vegas; Dallas; San Diego, en Estados Unidos; Roma, Florencia y el Vaticano, en Italia, etcétera. Las experiencias vividas en cada una de esas ciudades han sido extraordinarias, todas tienen sus encantos y los recuerdos son todos agradables.

ENTRO A UN PROGRAMA DE ALTA DIRECCIÓN DE EMPRESAS

Como parte de mi formación profesional, siempre he buscado estudiar algo relacionado con mi profesión, donde haya material técnico que me ayude a estar actualizado para poder prestar servicios de calidad. En 2013 se me abrió la oportunidad de entrar a un programa de alta dirección de empresa. Un amigo me hizo muy buenas recomendaciones sobre el método de estudio y en qué consistía el programa. De entrada me sonó bien, pensé que ya con dos maestrías, una de ellas con mención honorífica, una especialidad y no sé cuántos diplomados, cursos, etcétera, pero todos técnicos, posiblemente era hora de entrar a estudiar algo que me ayudara a administrar mejor la oficina. Así es que llamé a la persona que coordinaba el programa, Armando Alonso, me entrevisté con él, cumplí los requisitos y en parte cubrí todo. Digo en parte, porque un parámetro muy elevado es que a ese programa solo entraron empresarios de alto perfil de Tijuana y Mexicali. A mi ver, todos ellos son personas que cuando fallezcan, con el patrimonio que tienen ahora, seguro dejarán a diez o más generaciones sin preocuparse por trabajar. De mi lado, solo para entrar a ese programa eché mano del límite de todas mis tarjetas de crédito. El programa no era barato, tenía una duración de nueve meses y cada semana nos daban diez horas de clase. Hablé en la oficina con los gerentes de cada línea de servicio y les anuncié: "Este programa al que voy a entrar va a costarme muy caro, ya troné todas las tarjetas de crédito para poder entrar; fui admitido, así es que tengo toda la intención de no perderme ninguna clase; aprovecharé todo el conocimiento que este instituto va a impartir, por lo tanto, les pido me apoyen, hagan lo que saben hacer, en lo que pueda los estaré ayudando, pero por favor no aflojen la chamba". Todos estuvieron de acuerdo e inicié mi programa de alta dirección de empresa.

El primer día, cuando llegué al estacionamiento del edificio donde serían las clases, allá por la tercera etapa del río Tijuana, pensé que había habido algún problema, pues había poco más de veinticinco hombres armados en sus pick up altas y blancas o de otros colores, todos atentos a ver quién llegaba o quién se estacionaba. Me quedé arriba del carro, a la expectativa, a ver qué pasaba cuando llegara otro vehículo. En ese momento llegó el coordinador con el que tuve la entrevista. Mi mente trabajó rápido: me apeé del carro, lo alcancé y lo saludé. Comenté: "N'hombre, que voy llegando y veo a todos estos cabrones armados; se me vino a la mente que pudo haber pasado algo, me dio miedo, no me bajé del carro esperando a ver qué pasaba". "No seas tan dramático, toda esta gente que ves armada son guaruras de los alumnos que van a tomar el programa; ahí estarás con todos ellos, así es que relájate". Cuando íbamos caminando me preguntaba si estaba hablando en serio o solo me estaba haciendo una broma. Llegamos a la recepción de donde serían las clases y ahí estaban todos los flamantes alumnos, muy bien vestidos y platicando entre ellos de sus negocios.

Entré al edificio como quien llega a un lugar al que no ha sido invitado; nadie volteó a verme ni nada, era como si hubiera llegado nadie. Armando el coordinador me dijo entonces: "Te voy a presentar a Miguel, él es de Culiacán y más o menos anda igual que tú, no conoce a nadie tampoco". Miguel fue como una válvula de escape. Nos pusimos a platicar, luego se nos juntó otro par de amigos de Mexicali que tampoco eran conocidos y al cabo de quince minutos ya teníamos nuestro grupo. En la recepción, antes de entrar a clases, tenían botanas, vinos, licores de varios tipos, unos meseros pasaban por tu mesa, recogían lo que tú dejabas, como si estuvieras en un coctel.

Por fin dio inicio la primera clase, la cual consistió en formar equipos de trabajo. Me tocó con Miguel y otras seis personas, cuatro de apellidos conocidos de la ciudad y dos de Mexicali. Formábamos el equipo 5.

Después de la formación de equipos nos detallaron la manera de trabajar, nos aclararon dudas y empezamos con nuestros primeros casos de estudio.

Después nos fuimos a una sesión plenaria donde asistíamos los cuarenta y cuatro alumnos, nos presentamos todos e inició la clase.

El programa de alta dirección para mí fue una muy buena experiencia. Nos tocó analizar y estudiar más de ciento cincuenta casos de estudio. A todos nos tocaba participar, éramos un equipo, a nadie se le permitía no trabajar, aparte de que a nadie le convenía. Como lo comenté, el programa era caro, teníamos que aprovecharlo. Nueve meses fue la misma rutina: entrábamos los lunes a las dos de la tarde con salida a las siete; los martes desayunábamos a las ocho de la mañana, a las nueve iniciábamos el trabajo en equipo durante un par de horas y de once de la mañana a la una de la tarde eras las sesiones plenarias; saliendo de la clase nos entregaban cinco casos de estudio para la semana siguiente. Así pasaron nueve meses volando, estudiando dos días a la semana y con cinco casos de estudio para prepararlos y analizarlos la semana venidera.

Ese curso estuvo estupendo. Conocí a muchos empresarios de la región, todos unos caballeros. Ahí me di cuenta de que parte de mis traumas de inferioridad podían quedar en el pasado. Ahora podía saludar y convivir con personas que se codeaban con presidentes de la república, gobernadores, presidentes municipales, coroneles del ejército, comandantes de la policía; pero sobre todo con empresarios natos, unos de tercera o cuarta generación y otros de primera que entraban duro en el ramo de los negocios como mi amigo Miguel, de Culiacán. (Según me lo contó él mismo, llegó a Tijuana siendo recepcionista de un hotel muy tradicional en el noroeste del país; luego emigró de ilegal a Estados Unidos para darles una vida digna a su esposa e hijas; de ahí se regresó a Tijuana y aplicándose enérgicamente ahora es un gran empresario que distribuye sus productos en Estados Unidos y Sudamérica.)

Después de haber terminado el programa de alta dirección, un líder de generación muy inteligente, al igual que todos los demás, tuvo la iniciativa de continuar reuniendo a los integrantes de la generación y, aún más, a la comunidad empresarial de Baja California. Así es que nos compartió la idea que tenía y a la mayoría nos pareció excelente. Su proyecto consistía en formar un club que nos reuniera a todos, para eso puso mucho de su parte, ya que se debía habilitar un espacio donde conviviéramos e hiciéramos networking sobre nuestros negocios. Todo resultó un éxito. El club se formó, tiene buenas instalaciones y además de que formo parte como socio, participo como comisario del consejo de administración.

INICIO EL PLAN DE HACER
MIS PROPIAS OFICINAS

En 2015 inicié otro proyecto: construir mis propias oficinas. La relación con Silvia, la mamá de mi hija Alexandra, por lo general siempre ha sido buena. No pudimos hacer vida común debido a situaciones ajenas a nosotros. Por otro lado, con el patrimonio que le había dejado su papá tenía para vivir cómodamente sin quedar a expensas de que alguien la mantuviera; no tendría pues de qué preocuparse. Pero ya con Alexandra, Silvia estaba preocupada en asegurar de qué iban a vivir las dos. Con lo conservadora que era y con una hija de una relación que no le favorecía (yo era muy joven y sin patrimonio ni nada que ofrecerle, no era una opción viable), más la constante amenaza de su mamá de que si se le ocurría vivir conmigo la desheredaba, buscó opciones con personas que posiblemente tenían una mejor economía que yo. Pero después de siete, ocho o más relaciones que tuvo, nunca pudo encontrar a alguien con mis cualidades (atención, responsabilidad, respeto, perseverancia, pero sobre todo con mucho corazón) y optó por vivir sola. Además, Silvia cuidó a su mamá de una enfermedad crónica a lo largo de nueve años. Ella falleció en las primeras semanas de noviembre de 2017.

Antes del fallecimiento, en 2015, entablamos pláticas sobre construir en la propiedad que su mamá le había donado en vida: una propiedad de mil 375 metros cuadrados sobre el bulevar Díaz Ordaz. Al inicio las pláticas fueron muy ásperas. Silvia quería que tumbáramos las construcciones que había e hiciéramos nuevas edificaciones. A mí siempre me ha parecido muy bien ese proyecto, pero también la única manera de asegurar un poco la inversión era que la propiedad pasara a nombre de Alexandra, algo que Silvia no había querido.

Así transcurrió 2015. A inicios de 2016, Silvia por fin accedió poner a nombre de la Alexandra la propiedad. Ahí empecé a soñar sobre la posibilidad de consolidar un patrimonio. Realizando aquel proyecto totalmente, podía ver cristalizado el sueño que me seguía desde niño: contar con un patrimonio que asegurara un retiro digno, que me permitiese disfrutar a mis hijas e hijos, mis nietas y nietos y a toda mi descendencia. Para alguien que salió de un rancho a la edad de diez años a piscar algodón regar parcelas, quitar hierbas de las plantaciones de frijol o maíz, limpiar canales de riego o "chanatear" (espantar chanates de los sembradíos de trigo u otras siembras) con el único fin de comprarse uniformes escolares; para alguien que se subía a camionetas de redilas sin techo a eso de las tres o cuatro de la mañana (dependiendo de la lejanía de los campos de trabajo), en época tanto de verano como invierno; para alguien que, ya sea por caminos vecinales o calles pavimentadas, andaba de cinco a quince kilómetros diarios para llegar a casa después de arduas jornadas de trabajo o de asistir a la escuela; visualizar un proyecto que de cierta manera podía garantizar una vida no ostentosa, pero sí que nos permitiera como familia tener qué comer y dónde vivir tranquilos, me ilusionaba en verdad. El trabajo de prestador de servicios como contador es una profesión sobre la que me dice un amigo: "El vivir de contador, al igual que otras profesiones, es como andar en bicicleta: si dejas de trabajar como contador es como si dejas de pedalear, te caes y se te acaba el corrido". La última, aclaro, es una expresión coloquial para decir que se te acaba la chamba.

Este proyecto lo basé como siempre en mi caso. Lleno de ilusiones y sueños, empecé a construir el edificio primero en mi mente. Figurarme cómo iba a ser la oficina, los locales que íbamos a rentar, cuánto iban a generar de renta y cuándo íbamos a empezar, en toda esta parte se me fue todo 2016. A finales de ese año, después de haberme entrevistado con tres ingenieros, logré conectar con el que finalmente contraté la obra. Iniciamos haciendo bosquejos que nomás no terminaban por convencerme. Para marzo de 2017 definimos cómo quedarían las oficinas. Sobre esta definición el arquitecto trabajó y se aplicó en el proyecto ejecutivo. A la par inicié los trámites de crédito con los bancos; en un estire y afloje, después de hablar con los directivos de tres instituciones, definí con uno de ellos. Y manos a la obra.

INICIA LA DEMOLICIÓN DE LA CONSTRUCCIÓN QUE HABÍA EN LA PROPIEDAD

A las ocho de la mañana del 16 de noviembre de 2017, llegamos mi hija Alexandra y yo a la propiedad; en realidad ella llegó poco antes, si no lo pongo aquí se encargará de corregirme públicamente. Esperamos un poco y a las ocho con veinte llegó la retroexcavadora para arrancar la demolición. Antes de eso, mi hija y yo nos tomamos la fotografía del recuerdo en el mismo lugar donde, en 1993, recién graduado de la preparatoria Lázaro Cárdenas, me tomé unas fotos con ella de toga y birrete. Aprovechamos y nos tomamos fotografías con la máquina y otros lugares de la propiedad donde, cuando recién nació y en sus primeros años, ella y yo jugamos y convivimos.

INICIO DE LA DEMOLICIÓN, 16 DE NOVIEMBRE DE 2017.

El 8 de diciembre de 2017 y después de veintinueve años seguidos de ir a Sinaloa en cada diciembre, por las razones comentadas, es decir, el inicio del proyecto, no visité a mi familia. Me sentí raro de no ir, pero la causa valió la pena. Me quedé atendiendo la obra.

ETAPA FINAL DE
TRABAJOS DE
CIMENTACIÓN DE
CENTRO CORPORATIVO
DEL PRADO.

El proceso de la obra fue todo un reto. Empezar la demolición, ilusionado, con las ideas muy claras de lo que quería no me daba tiempo de pensar en las broncas que vendrían después. El proyecto arquitectónico calculó una cantidad de inversión y el costo total fue muy diferente. En la primer parte de la construcción, recuerdo muy bien que, entre cimentación y acero, se fue más de la mitad de lo que el banco me había prestado (el 60% del préstamo se fue en esta fase), de ahí en adelante empecé a preocuparme. Del banco faltaba el 40% por depositarme y a la obra le faltaba más del 60% para concluirse. Vi los problemas venir y de inmediato empecé a actuar. Hice lo siguiente:

- Desde hacía 16 años había contratado un seguro de retiro, lo pedí de reembolso.
- En la colonia Sánchez Taboada tenía la casa que con tanto esfuerzo había construido y la puse en venta.
- En el rancho tenía unas vacas, también las vendí para recabar más dinero.
- Renté por adelantado, a mi primo Rayel, unas hectáreas de riego que me dejó mi Apá y otras que compré en Guasave.
- Mi hija Alexandra aplicó para un préstamo en Estados Unidos y eso también ayudó bastante.
- Mi amigo Miguel, que es abogado, y a quien aprecio mucho, me prestó un dinero que sentí como un salvavidas.
- Sin olvidar a mi estimado amigo Adán, que me ofreció otro préstamo y hasta alas de ángel le vi de lo agradecido que estaba por esa valiosa ayuda.

Haber prevenido el no quedarme sin dinero y haberme puesto a trabajar en recaudar de donde fuera posible me ayudó mucho a que la obra no quedara inconclusa.

En fin, estuvo duro pero la obra llegó a su fin. El 5 de octubre de 2018 abrí las oficinas al público y, desde entonces, ahí estamos instalados con excelentes espacios.

NUEVAS INSTALACIONES

En esa fecha (5 de octubre de 2018) inicié mis actividades en oficinas nuevas, cómodas, espaciosas, confortables, pero, sobre todo, en oficinas que nos daban la oportunidad de crecer en todos los aspectos: profesional, económico y el no menos importante, personal.

Haciendo un pequeño paréntesis de lo que les he contado puedo comentarles lo siguiente: La vida está llena de sorpresas. Cada día que vas viviendo se va aprendiendo algo nuevo, no hay un manual que te diga cómo hacer las cosas, o que te diga qué decisión debes tomar, es un aprender diario. A veces pareciera que la vida es monótona, pero no, nunca lo es, siempre está en movimiento, no para nunca, el tic tac del reloj es constante, no espera a nadie; se tienen que asumir riesgos, preferible vivir las consecuencias por los riesgos tomados que tener consecuencias por no asumir riesgos, esta segunda parte es fatal. El miedo es parte de la vida, en unas personas más intenso que en otras, pero al fin tenemos que saber enfrentarlo y hacerlo nuestro aliado. Cada decisión tiene una consecuencia, lo que hagas o no hagas te dará un resultado, y si este resultado no es el esperado, tómalo como experiencia, todo te deja aprendizaje, pero eso sí: nunca te rindas. No dejes de moverte, como lo dije en una parte de estas memorias: para tener éxito necesitas estarlo intentado, cada segundo, cada minuto, cada hora, cada día, cada semana, en fin, todo el tiempo. Nunca pares.

Con este párrafo termino de escribir mis experiencias de vida, dejando en ello un testimonio claro de que en la vida se logran los sueños más difíciles, no importan las condiciones o dónde hayas nacido. Lo que importa son las ganas de salir adelante (y otros atributos que escribí al final), de ser alguien en la vida, de marcar una diferencia.

Entonces podemos decir que NACER POBRE NO ES TU ELECCIÓN, VIVIR PORBRE SÍ. Tú decides cómo vivir y, hagas lo que hagas en la vida, nunca estarás solo, siempre estarás acompañado del ser divino que nunca te dejará. Estés donde estés, Él estará contigo, Él es Dios.

MI EQUIPO DE TRABAJO
EN LAS NUEVAS
OFICINAS.

SUEÑO CUMPLIDO.

NACER POBRE NO ES TU ELECCIÓN, VIVIR POBRE SÍ

REFLEXIONES SOBRE MIS EXPERIENCIAS

A la edad de cuarenta y nueve años no me ha resultado difícil escribir mis reflexiones sobre lo que he vivido en estos años. Al inicio de la vida, a las personas se nos complica meditar si una decisión ha sido buena o no. De mi parte, y de acuerdo a la cuna donde nací, comentaré las decisiones que marcaron mi vida; una a una forjaron lo que hoy soy. Aun así, con todo y que el camino que decidí tomar fue propio y sin ninguna presión de persona alguna que haya querido influir en mí, partiré de la principal razón o causa que forjó mi destino: el amor incondicional de mi padre y de mi madre. Sus enseñanzas fueron la conciencia pura de lo que se debe y no se debe de hacer, ese fuego en tu corazón que te hace sentir el compromiso de hacer el bien; de hecho, cuando estás a punto de hacer algo que no está bien, tu corazón se empieza acelerar, como que te avisa de que no lo hagas. Tuve tantas libertades y estuve en tantos lugares en los que debía identificar qué era bueno y qué no era bueno hacer. Mi Amá decía: "Preferible que pierdas una mano a que esa mano te haga agarrar algo que no es tuyo". También nos decía: "Tienen que ser honestos y ser buenas personas, para cuando alguien los invite a una casa los miren a los ojos, y no a las manos para ver si se quieren llevar algo". Mi Apá decía: "Nunca anden de arrimados en las casas ajenas, preferible vivir debajo de un mezquite que en un lugar que no es tuyo". También nos decía: "El muerto y el arrimado a los tres días apestan". Eran muchos los consejos que nos daban, pero sobre todo mucho amor, ese amor incondicional de los padres que, seas tú quien seas y hagas lo que hagas, siempre están ahí para cobijarte, para darte su respaldo. Esa personas que cuando te enfermas están a un lado de tu cama toda la noche, sin importarles no dormir; esas personas que cuando solo había comida para los hijos, ellos preferían dejar de alimentarse y solo decir, muy dignamente, que no tenían hambre. Ese amor fue y sigue siendo la base de mi ser. Con amor infinito les agradezco a ellos hasta el cielo, donde seguro están con Dios, descansando eternamente.

Pasando a mis reflexiones, enumeraré los que creo han sido mis principios, aquellos sobre los que he edificado mi crecimiento como persona para que cuando sean leídos por mi hijo, mis hijas, mi esposa, familiares, mis amigas y amigos, lectores que hayan llegado hasta esta página, vean a través de estas líneas cómo he regido mi vida. La intención es que les ayuden a elegir un punto de partida y mejorar en todos los sentidos; para que sean buenas personas, con diferentes opciones que eleven su calidad de vida.

1. DESCUBRE TU TALENTO

Desde niño me di cuenta de que me encantaba leer. Ir a la escuela era mi pasión. Sacar diez de calificación para mí era algo fácil. Participar en concursos escolares sin que me avisaran para mí era un reto que me encantaba. Recuerdo a la directora de la primaria Aquiles Serdán que llegaba al salón de clases y decía: "Juan Carlos Escárrega: mañana vas a ir a concursar y representarnos en la zona escolar 20. Te vienes cambiado y le pides permiso a tu papá, estaremos de regreso para antes de que terminen las clases". Siempre sacaba los primeros cinco lugares.

Descubrí que estudiar se me daba fácil, aparte de que me gustaba, así es que pensaba: "Mi papá no tiene dinero, pero si estudio duro puedo ser alguien en la vida". Así es que nunca he dejado estudiar, se me da muy bien; el resultado ha sido favorable.

A veces nos aferramos a querer hacer cosas que no salen del todo bien, por ejemplo, queremos ser futbolistas pero no tenemos el talento físico adecuado para sobresalir de entre los demás. O querer ser pintor y nada más no damos una con los trazos de una pintura. Son muchos ejemplos que podemos dar, pero al final la reflexión es que primero descubramos qué se nos da de forma natural, que además disfrutamos haciéndola y sobre esa base desarrollemos nuestro potencial. Definamos qué sabemos hacer y sobre eso planeemos nuestro futuro.

2. TENER UNA VISIÓN DE LO QUE QUIERES EN LA VIDA

Cuando defines bien qué quieres en la vida, todos los días que te levantas son motivantes. Es como hacer bien parte de la tarea para lograr un objetivo definido. Estar bien claro en lo que quieres le pone un sabor especial a la vida, eso sí, como dice la Biblia: "Sin desierto no hay paraíso". Para lograr objetivos que valgan la pena, en el camino tienes que ir sorteando obstáculos que requieren esfuerzos adicionales, y aclaro que no todos son de esfuerzos físicos. Se requiere mucha fuerza de voluntad. Por ejemplo, si tienes compromisos profesionales a las siete de la mañana, no puedes irte de fiesta por el cumpleaños de algún amigo o amiga o a cualquier otro tipo de fiesta y llegar a tu casa a las tres o cinco de la mañana, bueno, ni siquiera a la medianoche. Tienes que estar concentrado muy bien en tus objetivos, no desviarte, y si lo haces, trata de direccionarte a tiempo. Somos humanos y propendemos a cometer errores. Solo necesitamos corregirnos a tiempo y volver a nuestro camino previamente definido.

3. PROYÉCTATE EN EL TIEMPO

Una vez que hayas entrado a una edad madura (que puede ser desde la edad infantil, no estamos hablando de la mayoría de edad), empieza a medir tus logros. Por ejemplo: si estás por salir de la secundaria, un año antes o más tienes que saber a qué preparatoria irás; o antes de salir de la preparatoria, debes tener definido a qué universidad y qué carrera vas a estudiar. O si naciste muy creativo y te apasiona hacer cosas nuevas, dimensiona qué quieres hacer con tu invento. Si eres hijo de empresario y no te gusta la escuela, define si seguirás los pasos de tu papá y cuál será tu punto de partida, dónde quieres empezar, no quieras hacerlo desde el punto donde hoy está tu papá: recuerda que para ocupar ese puesto, él ya recorrió buen camino. El comentario es que si no tienen un termómetro de medida de avances de sus logros, puede que se pierdan en el tiempo y no logren saber dónde se encuentran. Por consiguiente, pueden perder tiempo valioso. Mucho talento se queda en el camino por no contar con un modo de medición que les vaya diciendo cómo van en su proyecto de vida.

4. SER HONESTO

La honestidad es un valor que si lo tienes te abre puertas que nunca imaginabas. Ser deshonesto te puede cerrar puertas que creías tenías abiertas. Debemos ser dignos en nuestro peregrinar en esta vida. Ver a las personas a los ojos es muy bonito; esquivar miradas por no ser honestos se convierte en una carga emocional muy pesada. Seamos transparentes en nuestro actuar, hablemos solo lo necesario: que nuestro actuar sea nuestra voz, que nuestras acciones hablen por nosotros. Hablemos siempre con la verdad y seremos libres, sin prisiones innecesarias que solo ahogarán e incomodarán nuestra vida.

5. SER PERSEVERANTE

El camino hacia los logros, la mayoría de las veces, o siempre, no es fácil. Muchas cosas y/o causas se interponen en nuestros caminos. Debemos siempre seguir adelante, no parar, no voltear hacia atrás para nada, siempre ir hacia el frente, no importa qué nos pase. Si correr no puedes, camina; si caminar no puedes, gatea; si gatear no puedes, arrástrate; si arrastrarte no puedes, entonces será que estás muerto. Ahí si ya nada puedes hacer, pero mientras vivas nunca pares, sigue adelante, no hay obstáculo que con trabajo y dedicación no logres vencer. Alcanzar objetivos que valgan la pena no es fácil: se requiere bastante dedicación, esfuerzo, voluntad, pero sobre todo mucho sacrificio. Se perseverante y lograrás lo que en esta vida te propongas. Dios a nadie limita, nosotros somos quienes nos ponemos límites. Las oportunidades y el éxito están para todos, solo debemos ser dedicados y nunca dejar de soñar en alcanzar lo que queremos, pero sobre todo debemos de trabajar mucho para lograrlo.

6. SER DISCIPLINADO

El orden y ser cumplido en tareas que se realizan de acuerdo a ciertas reglas no son temas negociables. Para lograr lo que queremos, algunas o muchas veces dependemos de personas, de horarios, del clima, de la lluvia, de permisos especiales, de muchos factores que requieren que nosotros cumplamos con nuestra parte. Si de nosotros depende que algo suceda, vamos a hacerlo. Hay que tener disciplina para avanzar en nuestros proyectos, ya sean estos de vida o de crecimiento. No podemos ser generales del Ejército si no somos disciplinados, o no podemos terminar una carrera profesional si no cumplimos con las tareas. Todo avance requiere orden y tenemos que hacer y poner mucho de nuestra parte.

7. SER AGRADECIDO

El agradecimiento es un factor que si lo ejercemos nos brindará siempre el reconocimiento de todas las personas que nos han ayudado a lograr el éxito en nuestras vidas. Esto sin duda es muy gratificante, pero hay un ser muy importante, aparte de nuestra madre y padre que nos dieron la vida, con el que debemos de ser y estar siempre agradecidos: con Dios. Si todos los días de tu vida cada vez que te levantes y te duermas le agradeces por otro nuevo día; si le agradeces por la dicha de volver a respirar; de poder comer el platillo favorito; si le agradeces por poder abrazar a tu esposa e hijos(as), a tus padres, a tus hermanos(as), amigos(as), conocidos(as); por poder caminar, correr, respirar, etcétera; será siempre un pequeño detalle que hará una gran diferencia con cuantos no sean agradecidos. En este concepto a veces confundimos el agradecimiento y nos aprovechamos (o se aprovechan) de nosotros, pues piensan (o pensamos) que si hacemos (o nos hacen) un favor, la persona se debe a nosotros por toda la vida. Una cosa es ayudar o que nos ayuden, pero tampoco tienen ni tenemos porqué truncar los sueños de las personas. Agradezcamos y sigamos superándonos siempre bajo una premisa muy definida: que te vaya bien haciendo el bien.

8. SER HUMILDE

La humildad no significa, según mi entender, que tengas que ser sumiso o que no tengas recursos. Son cosas diferentes. Ser humildes, lo reitero según mi entender, es estar dispuesto a escuchar, prestar atención. Ser humilde es que cuando se logra algún objetivo que nos coloca en una posición económica o social diferente a las personas con las que crecimos o están a nuestro lado, no significa que ahora seamos diferentes o mejores. En realidad somos los mismos, en nada somos diferentes a los demás: somos las mismas criaturas de Dios, nada nos faculta a que seamos arrogantes e indiferentes hacia los demás, a que creamos que somos diferentes. Somos las mismas personas con condiciones diferentes respecto de los demás, favorables o desfavorables. El tiempo siempre hace su chamba y las condiciones de las personas algunas veces cambian. No dejemos que los perros del ego, la arrogancia y la ambición nos atrapen: seamos sensibles y empáticos con los demás.

AGRADECIMIENTOS

En primer orden quiero agradecer a Dios; a mis padres que me dieron la vida y que fueron una fuente muy importante de inspiración; a mi esposa Liliana, que ha sido paciente conmigo en estos casi diecinueve años de estar juntos; a mi hija Alexandra que fue mi impulso inicial para ser alguien en la vida; a mi hijo Diego, que cuando nació me hizo sentir que no somos nada (sufrimos nueve días de angustia), pero Dios al fin nos lo prestó, pues está y sigue con nosotros; a mi hija Diana, que cuando nació me hizo sentir divino, mi orgullo académico familiar; a mi hija Karla, que hace que todo tenga sentido, su amor y su ternura son inigualables; y a toda mi familia, hermanas y hermanos que son y han sido parte fundamental de este crecimiento; a todos mis amigos(as) del ayer y de hoy que me han dado grandes aprendizajes.

Gracias, muchas gracias a todos.

NOTA

Todo lo manifestado en estas reflexiones es propiedad del autor de este libro. Ninguna definición fue tomada de diccionario o autor(es) de libro(s) previo(s). Algunos de los nombres han sido cambiados.

**NACER
POBRE
NO ES TU
ELECCIÓN,
VIVIR
POBRE
SÍ**

Se terminó de imprimir en octubre de 2020,
en Editorial Impresora Apolo S.A. de C.V.
Se tiraron 1200 ejemplares.

Made in the USA
Las Vegas, NV
24 June 2021

25342360R00085